Karl Siekmeier: Die erfolgreiche Zucht von Rassetauben

KARL SIEKMEIER

Die erfolgreiche Zucht von Rassetauben

VERLAGSHAUS REUTLINGEN   OERTEL+SPÖRER

ISBN 3 921017 56 4
Printed in Germany
Alle Rechte vorbehalten
Gesamtherstellung: Oertel+Spörer, Reutlingen

Vorwort

Viel ist im Laufe der vergangenen Jahrhunderte bis in die jüngste Zeit über Tauben geschrieben worden. Vieles von dem, das in alten Schriften angeführt ist, trifft heute noch zu, vieles gilt heute als überholt. Alte Rassen haben ihr Aussehen verändert und sind in den letzten Jahrzehnten verfeinert worden. Neue Rassen sind entstanden, und es werden auch in Zukunft neue herangezüchtet werden. Besonders nach dem letzten Weltkrieg hat die Rassetaubenzucht einen ungeahnten Aufschwung genommen, nicht nur bei uns in Deutschland, sondern in der ganzen Welt. Nicht das Streben nach materiellem Gewinn ist es, das immer mehr Menschen den Weg zur Rassetaubenzucht finden läßt. Im Zeitalter der Rationalisierung und der Automation werden heute an den Menschen in allen Berufen höchste Anforderungen gestellt. Als Ausgleich nach des Tages Last und Mühen benötigt der Mensch in seiner Freizeit körperliche und geistige Entspannung, um den beruflichen Anforderungen gewachsen zu bleiben. Er findet sie in irgendeinem Hobby, von denen es beinahe unzählige gibt.

Ein entspannendes und interessantes Hobby ist die Zucht schöner und edler Rassetauben. Nicht wenige Menschen haben, im beruflichen Streß stehend, durch die Taubenzucht ihr seelisches Gleichgewicht wiedergefunden und konnten durch sie ihrem Beruf erhalten werden.

In diesem Buch werden nicht die einzelnen Rassen und ihre besonderen Merkmale beschrieben. Hierüber ist genügend Fachliteratur vorhanden. Es enthält in erster Linie praktische Winke für die Haltung, Pflege und Fütterung der verschiedenen Rassen; sie sollen besonders den Anfänger aufklären und ihn vor Enttäuschungen und Fehlschlägen bewahren. Nicht wenigen Menschen sind wir im Laufe der vergangenen Jahrzehnte begegnet, die überschwenglich Taubenzüchter werden wollten, deren Begeisterung aber wie ein Strohfeuer erlosch, nachdem die ersten Fehlschläge in der Zucht eingetreten waren. Möge daher das Buch gerade für die Anfänger ein gerne zu Rate gezogener Helfer und Wegweiser sein.

Der Verfasser

Einleitung

Das Halten und Züchten von Tauben ist uralt. Bereits 3000 Jahre vor unserer Zeitrechnung, also vor 5000 Jahren, sind Tauben gehalten worden. Teils dienten sie zur Nahrung, überwiegend aber wurden sie aus Liebhaberei gehalten. Bei verschiedenen Völkern war die Taube den Göttern heilig; im Altertum bereits wurden sie auch als Botentauben eingesetzt. Allgemein bekannt sein dürfte die Erwähnung der Taube in der Bibel, so z. B. die Taube aus der Arche Noah, die Tauben als Opfer im Tempel zu Jerusalem und ihre Erwähnung als Symbol der Reinheit, der Liebe, des Friedens und der Duldsamkeit. Die erste Kunde über Rassetauben stammt aus Ostindien. Dort wurden sie von verschiedenen Herrschern in großen Schwärmen gehalten. Indien kann vielleicht als das Ursprungsland der Rassetaubenzucht angesehen werden. Von dort verbreitete sie sich in die benachbarten Länder des Orients und über Ägypten und Griechenland bis nach Rom. Durch die Handelsbeziehungen der Völker im Mittelalter kamen die unterschiedlichen Taubenrassen in die übrigen europäischen Länder, in erster Linie nach Holland und von dort nach England und Deutschland. In Deutschland waren es vorwiegend die Klöster, in denen die Rassetaubenzucht gepflegt wurde. Unsere vielen Farbentaubenrassen sollen in den Klöstern herangezüchtet worden sein. Überhaupt kam die Rassetaubenzucht im Mittelalter in Deutschland zur höchsten Blüte. Erhebliche Einbuße erlitt sie hier durch den 30jährigen Krieg. Später wurde sie behindert durch verschiedene Landesgesetze, nach denen das Halten von Tauben nur bevorzugten Klassen, die über eine bestimmte Größe von Grundbesitz verfügten, gestattet war. In einigen Ländern dagegen war die Taubenhaltung keinem Gesetz unterworfen; doch war sie steuerpflichtig. So mußte ich noch in meiner Jugendzeit alljährlich beim Steuererheber meiner Gemeinde für jedes Paar Tauben eine Steuer von 50 Pfennig entrichten – Anlaß, uns Jugendlichen das Mogeln zu lehren. Der gewissenhafte Bürgermeister hatte seine Beobachtungen dem Landratsamt zu melden; zur Kontrolle schickte dieses den Gendarmen ins Dorf. Da aber der Sohn des Bürgermeisters ebenfalls Tauben hielt, bekamen wir jedesmal rechtzeitig Wind von der Sache, und so setzten wir abends vor der Kontrolle die überzähligen Tauben in Pappkartons und versteckten sie auf dem Heuboden. Die Zählung war einfach: Der Gendarm scheuchte die Tauben aus dem Schlag, der Bürgermeister draußen zählte sie. Waren es gelegentlich doch mehr als gemeldet, dann waren es eben zugeflogene. Wer wollte das Gegenteil beweisen? Übrigens bestand jenes Gesetz bis zum Ende des 1. Weltkrieges.

Die Futterknappheit während der Kriegsjahre 1914–1918 versetzte der Rassetaubenzucht einen schweren Schlag. Sämtliches Getreide wurde beschlagnahmt. Selbsterzeuger, die ein Teil Getreide zur Schweinemast zugeteilt bekamen, konnten von diesem nur wenig für ihre Tauben abzweigen, und Liebhaber, die selbst kein Getreide anbauten, waren gezwungen, ihre Zuchten aufzugeben. Jahre hatte es gedauert, bis wieder normale Verhältnisse eintraten. Viele Rassen waren dem Aussterben nahe. Etwa vom Jahre 1930 an stieg die Zahl der auf den Schauen gezeigten Tauben, und wir hatten das Gefühl, die Rassetaubenzucht würde einer neuen Blütezeit entgegengehen. Doch trat durch den 2. Weltkrieg ein neuer Rückschlag ein. Wohl wurde den Züchtern in beschränktem Maße Futter zugeteilt, damit sie wenigstens ihre Zuchten durchhalten konnten. Doch durch den einsetzenden Bombenkrieg wurden die meisten Zuchten besonders in den Großstädten vernichtet. Auf dem Lande, das weniger durch Bomben gelitten hatte, wurde in den ersten Nachkriegstagen noch manche Zucht durch schießwütige Besatzer zerstört, denen auf den Dächern sitzende Tauben als Zielscheiben dienten.

Wie ein Wunder erscheint uns heute, über ein Vierteljahrhundert nach Kriegsschluß, der rapide Aufschwung der Rassetaubenzucht in Deutschland. In der heute gezeigten Anzahl waren früher die Tauben auf führenden Schauen längst nicht vertreten. Auch bei den örtlichen Geflügelausstellungen, bei denen noch vor einigen Jahren die Taubenabteilung – ausgenommen Bayern, Sachsen und Thüringen, die schon früher ausgesprochene Taubenzuchtgebiete waren – ein kleines Anhängsel darstellte, ist sie heute die stärkste von allen Geflügelgattungen. Die heutige Verbreitung der Rassetaubenzucht und ihren hohen Zuchtstand haben wir in erster Linie der jüngeren Züchtergeneration zu verdanken. Wir alten Fanatiker stellen dies mit Genugtuung fest.

Die Abstammung der Rassetauben

Wohl kein Autor eines Werkes über die Taubenzucht hat es bisher unterlassen, auf die Abstammung unserer heutigen Rassetauben einzugehen. Fast alle stützen sich auf die Theorie des großen Naturforschers Charles Darwin, nach dessen Angaben unsere Rassetauben von der wildlebenden Felsentaube (columba livia) abstammen sollen. Nicht selten aber nimmt der interessierte Züchter Anstoß an Darwin und den Genetikern von heute. Daß aus der wildlebenden Felsentaube unsere leichten Rassen mit Feldtaubenfigur hervorgegangen seien, leuchtet ein; wie aber aus der gleichen Urrasse unsere schweren Taubenrassen abstammen sollen, bleibt häufig ein Rätsel. Und man definiert: Von einer schweren Taube die Nachzucht kleiner zu bekommen, sei verhältnismäßig leicht; die Nachzucht von Feldtauben umgekehrt kräftiger zu gestalten, gelinge durch Zuchtauslese ebenfalls, und man übersieht dabei, daß im ersteren Falle lediglich Umweltfaktoren wirksam sind und im zweiten Falle meist auch oder bereits jene Faktoren, die unsere Tauben doch größer und kräftiger werden lassen. Danach wird gefolgert, so wie es bei den Hühnern neben dem wilden Bankiva-Huhn ein Riesenhuhn (gallus giganteus) gegeben haben solle, müsse irgendwo und irgendwann auch eine Riesentaube existiert haben; nur sie könne Urahn unserer schweren Taubenrassen gewesen sein.

Dennoch hat Darwin recht. Danach stammen die heutigen Formen der Pflanzen und Tiere von früheren einfacheren, ja selbst von einfachsten Formen ab. Diese Entwicklung vollzieht sich, seit es Leben auf unserer Erde gibt. Die treibenden Kräfte dieser ständigen Vorwärtsentwicklung sind nach Darwin das natürliche Variieren der Lebewesen und die überall herrschende natürliche Zuchtwahl.

Die Darwinsche Theorie ist heute unbestritten. Beweise gibt es genügend (z. B. Prof. Dr. H. Nachtsheim, Vom Wildtier zum Haustier, Parey-Verlag, 1949). Es ist auch keine Frage mehr, daß die Haustaube mit all ihren Größen, Formen, Farben und Zeichnungen von der Felsentaube abstammt. Wohl lassen sich bei der Felsentaube mehrere geographische Rassen beobachten; deren Unterscheidungsmerkmale sind jedoch zu gering, als daß sie eine Erklärung der extremen Größen und Formen unserer heutigen Taubenrassen zuließen.

Es ist also keine Frage: Urahn unserer Rassetaube ist die Felsentaube. Allerdings gleicht kein Individuum auch in freier Wildbahn selbst unter Geschwistern dem anderen. Eine kaum merkliche Farbänderung (in der Natur habe ich einige Male weiße und gescheckte Drosseln gesehen, die aber nach kurzer Zeit verschwunden waren), eine geringfügige Seh- oder Gehörschwäche, eine Veränderung des Haar- oder Federkleides (z. B. Wildkaninchen mit Langhaar) usw.: Es besteht kein Zweifel, daß die Vererbung gelegentlich etwas „nachlässig" funktioniert und nie völlig gleichmäßige Lebewesen gestaltet.

Die Natur aber hält Auslese. Den Kampf ums Dasein bestehen nur jene Individuen und mit ihnen Rassen und Arten, die für diesen Kampf am besten gerüstet sind.

Der Mensch nun kehrt diesen Ausleseprozeß um. Er behält und bringt zur Fortpflanzung, was ihm außergewöhnlich erscheint, in der Natur aber zum Untergang verurteilt wäre. Erst dadurch werden die unterschiedlichen Merkmale augenscheinlich und nach einer Reihe von Kreuzungen erbfest.

Die Merkmale der Größe, der Form, des Feder- oder Haarkleides, der Leistung aber vererben sich polyfaktoriell, d. h., ihnen liegen einzelne, nur geringfügig und gleichgerichtet wirksame Erbanlagen zugrunde, die sich summieren und verdünnen lassen. Riesenwuchs, Zwergenwuchs, Stand- und Halslänge, Schwingen- und Schwanzbreite bzw. -länge, Brusttiefe und -breite, Federreichtum und Federarmut, Fruchtbarkeit und andere Merkmale gehen auf sie zurück. Spanischer Riesenesel und Ceylonesischer Zwergesel, Pinzgauer Schimmel und Shetland-Pony, Deutsches Riesenkaninchen und Farbenzwergkaninchen, Deutsche Dogge und Chi-hua-hua, Römertaube und Altstämmer, die nach Prof. Nachtsheim alle auf eine einzige Wildform zurückgehen, verdanken ihre Entstehung der polyfaktoriellen Vererbung.

Hinzu kommt als weiterer Schritt der Rassenbildung die Kombination. Der Züchter kombiniert unterschiedliche Rassemerkmale und erhält neue Rassen. Angesichts der zahlreichen Mutationen, die die Natur gratis liefert, sind die Kombinationsmöglichkeiten zahlreich, so zahlreich wie unsere Rassen.

„Wenn der Mensch auch Variabilität nicht verursachen und sie nicht einmal verhindern kann", sagt Darwin, „so kann er doch die ihm von der Natur gebotenen Variationen auswählen, erhalten und häufen, auf welche Weise er nur immer will, und so kann er sicher ein bedeutendes Resultat erzielen. Zuchtwahl kann entweder methodisch und absichtlich oder unbewußt und unabsichtlich ausgeführt werden. Der Mensch kann jede nacheinander auftretende Variation in der entschiedenen Absicht, eine Rasse zu verbessern und zu verändern, und zwar in Übereinstimmung mit einer vorher gefaßten Idee, zur Nachzucht auswählen und erhalten; und dadurch, daß er auf diese Weise Variationen, die oft so unbedeutend sind, daß sie ein unerzogenes Auge kaum bemerkt, anhäuft, hat er wunderbare Veränderungen und Verbesserungen bewirkt. Man kann auch deutlich nachweisen, daß der Mensch ohne irgendwelche Absicht oder den Gedanken, die Rasse zu verbessern, nur dadurch, daß er in jeder folgenden Generation die Individuen, die er am höchsten schätzt, erhält und die wertlosen Individuen zerstört, zwar langsam, aber sicher große Veränderungen herbeiführt. Da hierbei der Wille des Menschen ins Spiel kommt, so läßt sich verstehen, woher es kommt, daß domestizierte Rassen sich seinen Bedürfnissen und Liebhabereien anpassen. Wir können ferner einsehen, woher es kommt, daß domestizierte Rassen von Tieren und kultivierte Rassen von Pflanzen, mit den natürlichen Arten verglichen, oft einen abnormen Charakter darbieten; denn sie sind nicht zu ihrem eigenen Nutzen, sondern zu dem des Menschen modifiziert worden" („Die Entstehung der Arten durch natürliche Zuchtwahl oder die Erhaltung der begünstigten Rassen im Kampf ums Dasein", 1859).

Den praktischen Taubenzüchter dürfte die Frage nach der Abstammung der Rassetauben weniger interessieren. Wesentlicher ist uns die Erkenntnis, daß unsere Tauben ebenso wie jedes Lebewesen Geschöpfe Gottes sind, für die es sich lohnt, Zuneigung mit Zuneigung zu vergelten.

Allgemeines über die Lebensweise der Tauben

Von allen Gattungen bzw. Arten unseres Hausgeflügels hat allein die Taube ihre ursprüngliche Lebensweise bis heute beibehalten. Das bezieht sich in erster Linie auf ihre Vermehrung. Bevor bei uns die künstliche Brut und die künstliche Kükenaufzucht bekannt und eingeführt waren, wurden die Hennen unserer Haushühner nach dem Legen von etwa einem Dutzend Eiern brütig. Sie brüteten und führten die Nachzucht ohne jegliche Hilfe des männlichen Partners allein. Bei vielen Hühnerrassen ist heute bereits eine Brutlust überhaupt nicht mehr vorhanden. Bei anderen ist sie stark zurückgedrängt. Dabei ist die Legeleistung der einzelnen Hennen durch entsprechende Zuchtwahl derart gestiegen, daß es einer Henne überhaupt nicht mehr möglich ist, sämtliche von ihr gelegten Eier zu bebrüten. Bei einigen Gänse- und Entenrassen verhält es sich ebenso. Eine Ausnahme machte bisher das Truthuhn. Die Truthenne schreitet in der Regel zur Brut, sobald das Gelege vollzählig ist. Doch hat sich herausgestellt, daß Truthennen weit mehr

Eier legen, als sie bebrüten können, wenn man ihre Eier täglich aus dem Nest entfernt. Auf diese Weise und durch Selektion sind neuerdings die Viellegerputen entstanden.

Unsere Taube hingegen bebrütet seit Urzeiten ein Gelege von nur zwei Eiern. Alle Versuche, eine Täubin durch Wegnahme ihrer Eier zu einer erhöhten Eiablage anzuregen, sind bisher gescheitert und werden es auch in Zukunft. Wohl legt eine Täubin nach Wegnahme ihrer Eier in einem Zeitraum von etwa 10 bis 12 Tagen weitere Eier. Nach einigen Wiederholungen aber ist eine Täubin völlig verbraucht und zuchtunfähig. Meist sind auch die letzten Gelege selten noch befruchtet.

Aus welchen Gründen besteht nun ein Taubengelege im Gegensatz zu den übrigen Hausgeflügelrassen nur aus zwei Eiern? Die Jungen der Hühner, Puten, Gänse und Enten sind Nestflüchter. Sie verlassen kurze Zeit nach dem Schlüpfen ihr Nest und begeben sich unter Führung ihrer Mutter auf Nahrungssuche. Die Jungen unserer Tauben sind dagegen Nesthocker. Sie kommen blind, nackt und hilflos zur Welt. Zur selbständigen Nahrungsaufnahme sind sie nicht fähig. Sie sind auf die Versorgung durch beide Elterntiere angewiesen, nicht allein auf Nahrung, sondern auch auf Wärme. Würde eine Täubin unmittelbar nach dem Schlupf oder in der ersten Woche für längere Zeit das Nest verlassen, müßten die Jungen innerhalb kurzer Zeit an Erstarrung eingehen. Dagegen sind Jungtauben in einem Alter von 4 bis 5 Wochen bereits völlig selbständig, so daß sie der elterlichen Fürsorge nicht mehr bedürfen. In der Regel schlüpft bereits die zweite Brut, wenn die ersten Jungtiere selbständig werden, so daß es Tauben im Laufe eines Jahres auf fünf, sechs und mehr Bruten bringen, während beim übrigen Hausgeflügel normalerweise nur zwei Bruten getätigt werden – ein weises Walten der Natur, um die einzelnen Arten zu erhalten. Wenn die Nachzucht der Taube an Zahl auch kaum die Hälfte des übrigen Hausgeflügels erreicht, so kann sie infolge ihres Flugvermögens vielen Gefahren entgehen. Bisher hat es kein Mensch vermocht, an diesem Naturgeschehen etwas zu ändern, und auch in Zukunft wird sich die Zucht unserer Tauben in den bisherigen naturgemäßen Geleisen bewegen.

Eine weitere Eigenschaft unserer Taube ist ihr Streben, ihr Nest im Halbdunkel anzulegen. Man stelle nur einen Nistkasten, wie ihn unsere Großväter an den Hauswänden unter den Giebelvorsprüngen hängen hatten, auf den Taubenboden. Selbst wenn die Schlaginsassen längst an die modernen Nistregale gewöhnt sind, wird der Kasten sofort angenommen. Besonders in landwirtschaftlichen Betrieben, in denen Tauben ein modern eingerichteter Schlag zur Verfügung steht, suchen sich nicht selten einzelne Paare versteckte Niststätten auf Scheunen- und Stallböden. Immer liegen die ausgesuchten Brutstätten im Halbdunkel – ein Zeichen, daß unsere Haustauben von Natur aus Höhlenbrüter sind.

Die Aussicht, ein Taubenzüchter zu werden

„Ein Taubenzüchter muß als solcher geboren werden." Dieser in Züchterkreisen vielzitierte Satz trifft in den meisten Fällen zu, wenn auch nicht wenige Menschen erst in späteren Lebensjahren sich mit Tauben befreunden und nicht selten noch erfolgreiche Züchter werden. Wenn ein Taubenzüchter als solcher geboren wird, dann hat er sicher von irgendeinem seiner Vorfahren den entsprechenden Erbfaktor mit auf die Welt gebracht. Nach Angaben meiner Eltern soll ich meinen „Taubenfimmel" von meinem Großvater väterlicherseits geerbt haben, der ein großer „Taubennarr", sonst aber ein tüchtiger Landwirt gewesen sei. Leider habe ich diesen prächtigen Menschen nicht mehr kennengelernt. Er ist einige Jahre vor meiner Geburt gestorben. Seine Tauben aber wurden auf dem Hofe von meiner Großmutter und später von meinem Onkel gepflegt. Ich war wohl etwa vier Jahre alt, als ich bei jeder sich bietenden Gelegenheit von zu Hause ausrückte und ins Nachbardorf zur Großmutter lief. Hier saß ich dann stundenlang, schaute nach oben zu den Tauben, bis ich von meiner Mutter heimgeholt wurde. Nicht selten gab es zu Hause einen gehörigen Denkzettel. „Dem Jungen wächst der Kopf in den Nacken", hieß es bei jeder Gelegenheit.

Sobald ein Jugendlicher sein Herz für Tauben entdeckt hat, sollte er selbstverständlich die Genehmigung seiner Eltern zur Taubenhaltung einholen. Hat der Vater Verständnis für die Wünsche seines Sprößlings, dann wird er ihm bei der Beschaffung der Tauben behilflich sein. Ist der Anfänger schon älter oder gar verheiratet, dann sollten die Familienmitglieder nicht vor vollendete Tatsachen gestellt werden. Es ist schon vorgekommen, daß die eigene Frau Gift auf dem Taubenboden ausgelegt hat, um ihrem Mann sein Hobby zu verleiden. Auf keinen Fall darf ein Züchter zum Fanatiker werden, der durch sein Hobby Beruf und Familie vernachlässigt. Auch solche Fälle sind mir bekannt geworden. Der krasseste dürfte wohl der sein, daß ein schon älterer Züchter sein gesamtes Einkommen durch den Taubensport vergeudet hat und seine Frau zuletzt noch berufstätig werden mußte, um den Lebensunterhalt der Familie zu bestreiten. Die Folgen einer derartigen Einstellung sind, daß der Mensch heute allen Ortsbewohnern als abnormal gilt und kein Junge im Ort von seinen Eltern die Erlaubnis zur Taubenhaltung erhält. Zu diesen Auswüchsen sollte es niemals kommen. Der Züchter soll Freude an seinen Tauben haben; doch sollte seine Begeisterung nicht soweit gehen, daß andere darunter zu leiden haben.

Gücklich ist der Taubenzüchter zu nennen, dessen Ehefrau sich für sein Hobby interessiert. Ohnehin sollte in einer Ehe das Verständnis füreinander so weit gehen, daß eine gewisse Gegenseitigkeit besteht und auch der Taubenzüchter z. B. einmal seine Frau mit zu einer Modenschau begleitet. Züchterfrauen betreuen unsere Rassetauben weit mehr, als allgemein vermutet wird. Frauen übernehmen nicht nur die Fütterung und die tägliche Versorgung, sondern vielfach auch die Reinigung des Schlages, die Darreichung von Grünzeug, das Anlegen der Bundesringe usw. Bei manchen Hühnerzüchtern wäre eine korrekte Fallennesterkontrolle wenigstens während der Brutsaison ohne die Hilfe der Ehefrau gar nicht möglich. – Schwierig wird die Angelegenheit nur, wenn beide Ehepartner beruflich tätig sind. Doch wird der wirklich interessierte Taubenzüchter auch hier einen Weg finden.

Bevor Tauben beschafft werden und ihre Unterkunft erstellt wird, sollte innerhalb der Familie das Für und Wider einer Taubenzucht eingehend besprochen werden. Sind alle Familienmitglieder einverstanden oder sogar für die Zucht begeistert, dann dürfte schon viel gewonnen sein. Ausdrücklich sei aber festgestellt: Ist nur ein einzelnes Familienmitglied an der Taubenzucht interessiert, alle übrigen aber dagegen, sollte lieber von der Zucht abgesehen werden, um viel Ärger und Verdruß zu ersparen.

Um ein späteres Fiasko zu vermeiden, sollte geprüft werden, ob der Anfänger über die erforderliche Geduld und Ausdauer verfügt. Es kann vorkommen, daß es anfangs in der Zucht nicht nach Wunsch geht. Nicht selten verliert ein Anfänger in diesen Fällen die Geduld. Er gibt die Zucht auf; alle Arbeit für die Erstellung des Schlages war umsonst, das für das Tauben-Hobby verausgabte Geld ist verloren. Um beim Geld zu bleiben: Für Tauben muß laufend Futter beschafft werden. Wenn die Beträge hierfür auch minimal sind, für einen Jugendlichen reicht das Taschengeld oft nicht aus. Ob Vater oder Mutter dann immer wieder helfen werden, sollte vorher besprochen werden. In erster Linie muß sichergestellt sein, daß die Kosten für den Unterhalt der Tauben aufgebracht werden.

Ferner ist zu überlegen, ob die benötigte Zeit für die Versorgung der Tauben vorhanden ist. In der Regel ist ein Jugendlicher oder ein

Anfänger außerhalb des Hauses berufstätig. Die Tauben müssen aber regelmäßig versorgt werden. In den meisten Fällen wird morgens Zeit zur Versorgung der Tauben nicht mehr vorhanden sein, in den Wintermonaten ist es bei der Heimkehr des Züchters dunkel. Es muß also feststehen, wer die Tauben während dessen Abwesenheit versorgt, ja ob sie überhaupt versorgt werden. Ist die regelmäßige Versorgung nicht gewährleistet, sollte von der Taubenhaltung abgesehen werden.

Nicht unwesentlich ist die Einstellung der lieben Nachbarn zur Taubenhaltung. Werden die Tauben im Freiflug gehalten, dann wird es nicht ausbleiben, daß sie auch das Hausdach des Nachbarn aufsuchen. Der Nachbar aber kann verlangen, daß die Tauben seinem Dach fernbleiben. Auch braucht er Tauben in seinem Garten nicht zu dulden. Wer nun glaubt, diesen Schwierigkeiten, die durch den Freiflug entstehen, durch Erstellung eines Taubenhauses mit anschließender Voliere zu entgehen, kann sich dennoch irren. Je nach Lage des Taubenhauses, auch wenn es mit baubehördlicher Genehmigung im gesetzlichen Abstand von der Grundstücksgrenze errichtet wurde, kann sich der Nachbar durch das Gurren der Tauben in seiner Ruhe gestört fühlen. Wenn seine mündlichen oder schriftlichen Beschwerden ohne Erfolg bleiben, wird er mit Sicherheit eine gerichtliche Verfügung erwirken, die zu Prozessen führen kann, in denen der Taubenhalter zur Abstellung der Ruhestörung verurteilt wird. In der Regel wird durch das Urteil die Zucht unmöglich gemacht. Bevor also ein Nachbar vor vollendete Tatsachen gestellt wird, sollte sich der Anfänger vorher mit ihm ins Benehmen setzen. Und wenn die Tauben später gelegentlich Nachbars Garten aufsuchen, wird er nicht sofort Rechtsmittel in Anspruch nehmen, wenn ihn der Taubenhalter ab und zu durch ein Paar Schlachttäubchen entschädigt.

Ein Mieter kann nur mit Genehmigung des Hauseigentümers auf dessen Grundstück Tauben halten. Zur Sicherheit sollte jedoch ein schriftlicher Vertrag abgeschlossen werden, in dem u. a. eine Kündigungsfrist festgelegt wird, um zu verhindern, daß der Taubenbestand während der Zuchtzeit aufgegeben werden muß. Um die Taubenzucht reibungslos zu gestalten, sollten die hier angeführten Fragen vorher geklärt werden.

Heller, luftiger und trockener Taubenschlag unter dem Dach (Besitzer: Karl Behn, Brome).

Rassenwahl und Unterbringung

Hat sich ein Anfänger im Einverständnis mit seinen Angehörigen und gegebenenfalls mit dem des Hauseigentümers zur Taubenzucht entschlossen, dann hat er zu überlegen, welche Rasse für ihn geeignet ist und wo er die Tauben unterbringen will oder kann. Leichte, flugfreudige Rassen lieben hoch gelegene Schläge, während schwere, weniger fluggewandte Rassen niedrig gelegene bevorzugen. Vielleicht hat ein Anfänger beim Besuch einer Schau an irgendeiner Rasse Gefallen gefunden und sich für diese entschieden; vielleicht ist er dabei auch mit Züchtern dieser Rasse in Verbindung getreten, die ihn über das Wesen und die Eigenarten der Rasse informiert haben, denn jede Rasse hat ja ihre besonderen Eigenarten und will dementsprechend behandelt werden. Immerhin soll sich der Anfänger vorher überlegen, ob er die erwählte Rasse ihrem Wesen gemäß unterbringen kann.

Immerhin, die Taube ist ein Gewohnheitstier. Sie gewöhnt sich an die primitivste Unterkunft und nimmt diese auch dann immer wieder in Anspruch, wenn ihr im gleichen Hause oder Gebäude eine bessere Behausung angeboten wird. Daher können leichte, fluggewandte Rassen an niedrig gelegene Schläge gewöhnt werden. Man kann aber immer wieder beobachten, daß diese Rassen, denen es ein Lebensbedürfnis ist, täglich mehrere Male im Schwarm in der Luft zu kreisen, nach dem Flug niemals den niedrig gelegenen Schlag direkt anfliegen, sondern sich oben auf dem Dachfirst niederlassen. Nur zögernd kommen sie einzeln nach unten, und wenn sich unten in der Nähe ihres Schlages noch dazu ein ihnen unbekannter Mensch aufhält, nehmen sie sich besonders viel Zeit. Auch schwere Rassen lassen sich ohne weiteres an hoch gelegene Schläge gewöhnen. In diesem Falle sind die Nachteile viel größer, besonders dann, wenn der Schlag sehr hoch gelegen ist, z. B. auf dem Dachboden eines mehrstöckigen Hauses. Sollten einzelne Tauben, was allerdings selten der Fall sein dürfte, auf den Erdboden herunterkommen, erreichen sie infolge ihrer Schwere ihren Schlag oft nicht. Nach mehreren vergeblichen Anflügen geben sie ihre Versuche auf. Wenn der Züchter nicht zufällig anwesend ist, verkriechen sich die Tiere bei Anbruch der Dämmerung in irgendeine Ecke und werden über Nacht leicht eine Beute von Raubzeug oder Katzen. Ist eine streunende Katze erst einmal auf den Geschmack gekommen, wird sie jede Nacht ihr Revier absuchen. Aus diesem Grunde möchte ich jedem Anfänger empfehlen, auf die Zucht einer schweren Rasse zu verzichten, wenn er die Tiere nur auf dem Dachboden eines mehrgeschossigen Hauses unterbringen kann.

Die Anlage der Schläge ist verschieden. In den Städten finden wir sie vorwiegend auf den Dachböden, in den Dörfern nur vereinzelt auf den Dachböden neuerer Häuser. Hier sind es vorwiegend Reisebrieftauben. Auf den Bauernhöfen befindet sich selten ein Schlag auf dem Dachboden des Wohnhauses, sehr oft dagegen in niedriger gelegenen Bodenkammern oder auf Dachböden der Viehställe und Scheunen. Aus zwingenden Gründen, auf die ich noch zurückkommen werde, können heute auf verschiedenen Grundstücken nur noch Tauben in freistehenden, zu ebener Erde gelegenen Taubenhäusern mit anschließenden Volieren gehalten werden.

In meiner Jugend wurden auf jedem Bauerngehöft Tauben gehalten; wenn nicht, dann war auf jedem Gehöft jedenfalls die Einrichtung zur Taubenhaltung vorhanden. Es waren durchweg Fachwerkbauten aus Eiche, oft über 300 Jahre alt. Im östlichen Niedersachsen befanden sich die großen, doppelflügeligen Haustüren, durch die die Erntewagen auf die weiträumige Tenne fuhren, direkt in der Giebelwand. Bei uns im westlichem Niedersachsen und im benachbarten Ostwestfalen hatte die Giebelwand noch einen Dachvorsprung, der die Wand vor Regen schützte. Dabei war die große Haustür einige Meter zur Tenne hin zurückgesetzt, so daß ein offener Vorraum, Vorscheuer genannt, vorhanden war. An einer Stelle dieses Raumes befand sich die Tür zum Pferdestall, an der anderen jene zum Kuhstall. Oben, zwischen dem obersten Fachwerkbalken der Mauer und dem Fußboden des Dachbodens waren die Zwischenräume, mit Brettern verkleidet, in einzelne Abteile unterteilt, die jeweils nach außen einen Ausschnitt als Ausflugsöffnung hatten. Das waren damals die Taubenwohnungen. Selten gab es besondere Taubenböden, höchstens wenn der Bauer oder einer seiner Söhne besondere Taubennarren waren. Dann wurde in der Regel auf dem Dachboden des auf dem Hofe alleinstehenden Kornspeichers ein besonderer Taubenschlag eingerichtet. Aber eigenartig, diese geräumigen Taubenschläge wurden von den Tauben selbst wohl nur als Notlösung angesehen. Sobald ein Nistabteil unter dem Giebel frei wurde, wurde es von einem Paar aus dem Taubenschlage bezogen. Zusätzlich zu diesen Nistabteilen waren in diesen Fällen noch an der Hauswand besondere Nistkästen angebracht. Selbst im Innern des Hauses, unmittelbar hinter der Haustür auf der Tenne waren in etwa fünf Meter Länge beiderseits über den Wänden Nistabteile angelegt. Der nach unten fallende Kot störte damals nicht. Die Tenne wurde jeden Morgen mit dem Reiserbesen gefegt. Für die Leser, die westfälische und niedersächsische Bauernhäuser nicht kennen, möchte ich einflechten, daß die Tenne, „Deel" genannt, je nach Größe des Grundbesitzes so geräumig war, daß drei bis vier vollbeladene Erntewagen hintereinander und oft noch zwei nebeneinander Platz hatten. Daß Tauben die erwähnten Nistgelegenheiten gut eingerichteten Schlägen vorziehen, habe ich selbst erfahren. Als ich acht Jahre alt war, gab mein Vater meinem Drängen nach und zimmerte für mich einen Taubenschlag. Drei Paare waren der Anfang. Zufällig hingen auf unserer Tenne ebenfalls zwei alte Nistkästen von je einem Meter Länge, beide mit zwei Abteilungen. Nach Angaben meines Vaters hatte diese der Großvater im Jahre 1869 aus dicken Eichenbrettern zurechtgebastelt. Wie meine Tauben diese Kästen ausgekundschaftet haben, ist mir heute noch ein Rätsel. Die erste Brut tätigten die drei Paare auf dem Schlage. Die Jungtiere waren noch nicht flügge, als zwei Paare schon die Kästen bezogen hatten. 30 Jahre lang, bis zum Umbau des Hauses, blieben diese Kästen besetzt.

Warum werden diese Niststätten von den Tauben bevorzugt? Weil es in ihnen dunkel ist? Weil die Luft hier sauerstoffreicher ist als auf Schlägen mit nicht genügender Lüftung? Vielleicht auch nur deshalb, weil sie hier nachts nicht durch Mäuse oder gar Ratten gestört werden.

Letztere klettern wie Wiesel und Marder an Fachwerkbalken hoch. Zu diesen Bauernhäusern gehörte auch der Wachhund, der seine Hütte neben der Haustür hatte. Das Raubzeug wittert den Hund schon von weitem, und ein guter Hund wittert es ebenfalls. Er wird daher für Sicherheit sorgen. Für eine moderne Rassezucht sind die erwähnten Taubenwohnungen heute unmöglich. Die Tauben leben in ihnen in einem halbwilden Zustand. Es ist fast ausgeschlossen, ein altes Tier in die Hand zu bekommen. Heute sind die alten Fachwerkhäuser fast sämtlich verschwunden. Auf den modernen Bauernhöfen, auf denen noch Tauben gehalten werden, sind diese in Schlägen auf den Dachböden der Scheunen und Viehställe untergebracht. Taubenschläge auf den Dachböden der Wohnhäuser, sei es in der Stadt oder auf dem Lande, dürften bald der Vergangenheit angehören. Selbst wenn der Hausbesitzer seine Tauben gern auf dem Dachboden hätte, wird er Ärger nicht allein mit seinen Mietern, sondern auch mit seiner Frau bekommen, die „Sauberkeit" im Hause haben will. Etwas Staub auf dem Dachboden und ein kleines Klümpchen Kot im Treppenhaus lassen sich beim besten Willen nicht immer vermeiden.

Das freistehende Taubenhaus mit Voliere

Durch die allgemeine Verbesserung des Lebensstandards stellt der Mensch von heute auch höhere Ansprüche an seine Wohnung. Er will in erster Linie ruhig wohnen. Motorenlärm stört ihn nicht in seiner Nachtruhe, aber das Krähen der Hähne und das Gurren der Tauben. Unsere Vorfahren auf den Bauernhöfen kannten keine Weckuhr. Das Vieh wohnte mit ihnen unter einem Dach. Wenn die Hähne morgens krähten, war es Zeit zum Aufstehen. Dann begann für sie der Arbeitstag. Damals wäre es keinem Richter eingefallen, einen Menschen zu zwingen, das Krähen seiner Hähne abzustellen. Das sind durchaus keine Phrasen. Ich will nur einige krasse Fälle erwähnen, die zeigen, wie ein Tierliebhaber auf seinem eigenen Grund und Boden drangsaliert werden kann:

Ein Freund von mir, der seit fast 40 Jahren eine seltene Hühnerrasse züchtet, mußte die Zucht aufgeben, weil sein Nachbar sich durch das Krähen der Hähne in seiner Nachtruhe gestört fühlte. Alle Einsprüche gegen die gerichtliche Verfügung wurden zurückgewiesen. Beide sind Hausbesitzer in einer Landgemeinde. Beide Häuser liegen unmittelbar an einer vielbefahrenen Bundesstraße. Ununterbrochen rumpeln nachts

Modernes vierabteiliges Taubenhaus für Lahoretauben
(Besitzer: Joseph Beckhoff †, Nordwalde).

die Lastzüge vorbei. Dieser Lärm stört nicht. — Ein Preisrichterkollege züchtet zeitlebens seine Rasse. Er besitzt ein größeres Grundstück. Aus Mitleid und auf Drängen eines Bekannten verkaufte er diesem einen Bauplatz. Als das Haus bezogen war, kam der Streit wegen der krähenden Hähne. Es kam zum Prozeß. Mein Freund durfte keine Hähne mehr halten. Nachdem dieser Skandal in der „Bild-Zeitung" beleuchtet wurde, hat sich der zuständige Minister eingeschaltet und die Sache gemildert. — Ein erfolgreicher Reisetaubenzüchter mußte seine Tauben aus dem Haus entfernen, weil einige seiner Mieter sich durch das Gurren der Tauben ebenfalls belästigt fühlten. Dieser Züchter wohnt in der Stadt. Zum Glück besitzt er hinter seinem Hause einen größeren Garten. Dort steht nun sein Taubenhaus.

Diese Schilderungen sind durchaus keine Einzelfälle. Sie mehren sich von Tag zu Tag, mit ihnen auch die Sorgen unserer Vereine und Landesverbände. Sehr wahrscheinlich können in naher Zukunft Tauben nur noch in freistehenden Taubenhäusern gehalten werden.

Die Gestehungskosten für den Bau eines Taubenhauses liegen höher als die eines Schlages in einem Gebäude. Dafür haben sie den Vorteil, daß sie bequemer zugänglich sind als Schläge auf Dachböden.

Schon bei der Wahl des Standortes sind Überlegungen erforderlich. Zunächst ist der Grundwasserstand zu prüfen. Liegt dieser zu hoch, wird bei längeren Regenperioden das Wasser über dem Erdboden stehen. Zum Bau eines Taubenhauses wäre dieser Platz also nicht geeignet, es sei denn, daß Erde aufgebracht werden kann. Dabei ist zu berücksichtigen, daß nicht nur die Grundfläche des Hauses und der anschließenden Voliere zu erhöhen ist, sondern auch der Weg zur Anlage mit einbezogen werden sollte. Immerhin werden einige Fuhren Erde erforderlich sein. Jeder Bauunternehmer wird froh sein, wenn er Abnehmer überschüssiger Erde findet. Er wird sie in den meisten Fällen umsonst liefern und anfahren. In vielen Fällen ist aber die Anfahrt bis direkt an den vorgesehenen Platz durch einen Lastzug nicht möglich, so daß am Straßenrand abgeladen werden muß. Die ganze Ladung muß dann mit Schiebekarren an Ort und Stelle gebracht werden. In der Vorfreude auf sein Hobby wird ein Züchter diese Schwerstarbeit gern verrichten. Wenn sie ihm nicht gewohnt ist, soll er sie als ein gesundes Training betreiben. Der Muskelkater wird bald vergessen sein. – Wenn eine Erhöhung des Platzes nicht erforderlich ist, sollte doch die Stelle, auf dem Haus und Voliere stehen sollen, so planiert werden, daß das Wasser bei Regenfällen sofort abfließen kann.

Der Züchter hat nunmehr zu überlegen, aus welchem Material sein Taubenhaus erstellt werden soll. Sollen die Wände aus Mauerwerk bestehen, so ist ein Fundament erforderlich. Wenn der Züchter kein gelernter Bauhandwerker ist, wird er selten in der Lage sein, die Arbeiten

Taubenvoliere im Anschluß an ein Stallgebäude.

selbst zu verrichten. Er soll daher Fachhandwerker mit dem Bau beauftragen. Dann hat er die Gewähr, daß das Haus fehlerfrei gebaut wird. Auch wenn das Haus aus Holz hergestellt werden soll, sollte die Arbeit einem Handwerker übertragen werden. Es dürfte dann kaum vorkommen, daß das Haus beim ersten Windsturm schiefgedrückt oder gar ganz umgeworfen wird. Auf die Dauer wird sich dies jedenfalls bezahlt machen, wenn auch die Kosten anfangs etwas hoch erscheinen.

Sind die Bauhandwerker in unserem Hobby noch Laien, dann muß ihnen der Züchter als Bauherr nähere Anweisungen geben, damit der Bau den Lebensbedürfnissen unserer Tauben entsprechend ausgeführt wird. So ist zu beachten, daß der Fußboden isoliert werden muß, damit die Bodenfeuchtigkeit nicht hochsteigen kann. Aufsteigende Bodenfeuchtigkeit ist Gift für unsere Tauben. Ein nicht isolierter Betonfußboden läßt die Feuchtigkeit durch. Ein auf dem Beton verlegter Holzfußboden wird in einigen Jahren vom Schwamm zerstört. Neuerdings sind in modernen Großviehställen die Fußböden aus Holzbeton hergestellt. Sie sind wärmedämmend wie Bretter und wasserabweisend. In solchen Ställen ist eine Stroheinstreu überflüssig. Diesen Beton habe ich bereits in verschiedenen Taubenhäusern festgestellt. Auf alle Fälle muß aber unter dem Beton eine Isolierschicht aus Teerpappe oder Plastikfolie vorhanden sein.

Ob Steinhaus oder Holzhaus, bei beiden ist ein Pult- oder Flachdach wohl am praktischsten und auch am billigsten. Im allgemeinen bestanden sie früher aus Schalbrettern mit einer Lage Dachpappe darüber. Dachpappe ist wohl einige Jahre wasserdicht. Bei großer Hitze und aufprallender Sonne wird die Teerschicht mehr oder weniger flüssig. Es bilden sich teerfreie Stellen, durch die das Regenwasser dringt. Eine Erneuerung oder eine Reparatur ist dann erforderlich. Nicht die durchdringende Kälte im Winter – die überstehen unsere Tauben ohne Schaden –, sondern die drückende Hitze im Sommer hat mir das Pappdach gründlich verleidet. Seitdem ich Eternitplatten aufgelegt habe, herrschen in meinem Taubenhaus im Sommer und im Winter angenehme Temperaturen. Außerdem sind diese Platten fast unverwüstlich. Während zur Bedachung wellenförmige Platten vorgezogen werden, eignen sich flache Platten sehr zur Verkleidung der Holzwände.

Bisher war es üblich, daß Holzhäuser auf gemauerte Fundamente gesetzt wurden. Fundamente sollen Risse im Mauerwerk verhindern, die dadurch entstehen, daß der Untergrund infolge des dauernden Druckes von oben nachgibt. Neuerdings werden Holzhäuser auf eine starke Betonschicht aufgesetzt. Das Eingraben eines engmaschigen

Drahtgeflechts bis zu einer Tiefe von 80 cm um den Stall herum zur Abwehr von Ratten dürfte sich heute ebenfalls erübrigen. Selbst wenn sich Ratten unter dem Stall einnisten, verwehrt ihnen der Betonfußboden den Zugang zu den Tauben. Der Aufenthalt unter dem Stall wird ihnen schon durch einige Räucherpatronen verleidet werden. Bereitgestellte Giftköder werden sie ebenfalls vom Stall fernhalten. Um die Kosten für einen isolierten Betonfußboden einzusparen, können Holzhäuser auch auf in Fundamenttiefe eingemauerte Pfosten, die die Oberfläche des Erdbodens überragen, gesetzt werden. Hierdurch entsteht zwischen Stallfußboden und Erdoberfläche ein Hohlraum, der die Bodenfeuchtigkeit abhält. Allerdings bietet dieser Hohlraum günstige Unterschlupfmöglichkeiten für Raubzeug. Er sollte wenigstens so hoch angelegt werden, daß er gut übersichtlich bleibt, was bei einer Höhe von etwa 1 m der Fall sein dürfte. Es liegt im Belieben des Züchters, den Hohlraum durch eine noch größere Höhe für Personen zugänglich zu machen, um ihn für verschiedene andere Zwecke zu nützen. Selbstverständlich müssen Seitenwände angebracht werden. Hier hätte dann auch ein kleiner, wachsamer Raubzeugwürger seinen Platz, der dem Züchter unbezahlbare Dienste leisten kann. Ein kleiner Terrier würde vollauf genügen. Die Tragfähigkeit des Fußbodens müßte dann natürlich entweder durch stärkere Bohlenbretter oder bei Verwendung normaler Dielenbretter durch eine verstärkte Unterlage von Kanthölzern der Belastung angepaßt werden.

Wie bei den Taubenschlägen in Gebäuden, so sollen auch hier Licht und Luft reichlich vorhanden sein. Luftzirkulation und genügend große Fenster müssen daher beim Bau mit eingeplant werden. Bei gemauerten Wänden wird kaum Zugluft entstehen. Bei Holzwänden müssen die Fugen abgedichtet werden. Bei länger anhaltendem Schlagregen läßt Mauerwerk ebenfalls Feuchtigkeit durch. Neuerdings läßt sich dieses Übel durch entsprechende Mittel, die dem Mörtel beigemischt werden, vermeiden. Es ist ferner zu erwägen, ob zur besseren Wärmehaltung oder Kälteabweisung die Innenwände zu isolieren sind. Bei Mauerwerk dürfte die Isolierung angebracht sein. Bei Holzwänden halte ich sie nicht immer für erforderlich. Wohl sollte unter dem Stalldach ein isolierender Luftraum eingeplant werden. Kälte fällt in erster Linie von oben nach unten, sie dringt in weit geringerem Maße seitlich durch die Wände. Entsprechende Vergleiche konnte ich in den vergangenen 15 Jahren feststellen. Wenn das Trinkwasser auf den Schlägen meines Hausbodens mit einer dünnen Eisschicht überzogen war, war es im Garten im Holzstall noch offen, und das bei einer offenen Front. Natürlich war hier das Trinkwasser nicht absolut frostsicher; es mußten aber erst niedrigere Grade kommen, bevor sich Eis bildete.

Inneneinrichtung und Maße sind in einem Taubenhaus die gleichen, wie die bei den Dachschlägen angegebenen. Doch es wäre absurd, ein Taubenhaus zu bauen, in dem nur Platz für einen Zuchtschlag vorhanden ist. Bei einer Taubenhaltung, in der die anfallenden Jungtiere nicht bis zum Herbst durchgehalten werden, mag ein Schlag genügen. Der Rassezüchter, bei dem die Jungtiere nach dem Flüggewerden ohne Störung aufwachsen sollen, benötigt einen weiteren Schlag zur Aufnahme der abgesetzten Jungtiere. Und nach wenigen Wochen wird er feststellen, daß ein dritter Schlag sehr zweckmäßig sein würde. Bezieht die erste Brut den Jungtierschlag, ist alles in Ordnung. Folgt die zweite Brut, sind von der ersten schon etliche vorhanden, die sich besonders stark fühlen und die jüngere Generation als Eindringlinge betrachten. Die Belästigung der letzteren ist noch nicht alarmierend. Immerhin sind schon einige vorhanden, die sich als Beherrscher der ganzen Gesellschaft fühlen. Tragischer wird es schon bei der dritten Brut werden. Inzwischen sind die Täuber der ersten Brut schon forscher oder gar schon geschlechtsreif geworden. Sie werden über den jüngsten Nachschub, der noch nicht fluggewandt ist, herfallen. Sie treiben die ängstlichen Dinger im Schlag von einer Ecke zur anderen. Dabei entdecken sie ihre natürliche Veranlagung. Die Belästigung wird dauernd. Die Jüngsten werden in ihrer Weiterentwicklung gestört. Noch schlimmer wird die Sache, wenn einige Wochen später auch die Täubinnen der ersten Brut geschlechtsreif werden. Frühehen lassen sich nicht mehr vermeiden. Täubinnen der meisten Rassen sind in diesem Alter noch nicht ausgewachsen. Sie denken mehr an die Freuden der Liebelei als an die Futteraufnahme. Kommt es dann zur Eiablage, ist es mit dem Wachstum vorbei. Die Täubin wird nie ihre vorschriftsmäßige Größe erreichen. Hier hilft nur die Trennung der Geschlechter. Die Täuber werden in den dritten Schlag gesetzt. Aus diesem Grund soll, wenn schon einmal gebaut wird, eine genügend große Grundfläche des Hauses einkalkuliert werden.

Bei den meisten Geflügelställen normaler Bauart ist ungenügende Luftzufuhr und gleichzeitig nicht genügender Abzug verbrauchter Luft zu beanstanden. In gewerblichen Betrieben sind heute in den Lege- und Aufzuchthallen Ventilatoren vorhanden, die dauernd eingeschaltet sind. Für einen kleinen Züchter mit nur wenigen Tieren würde diese Anlage zu kostspielig werden. Die Anlage einer Ventilation ist nicht erforderlich, wenn eine Seite des Hauses völlig offen bleibt. Die Tiere

Voliere mit jalousieartiger abnehmbarer Blende; Blendenfront als Ausflug (Besitzer: Josef Fischer, Nordwalde).

sitzen dann praktisch im Freien und leiden nicht unter Sauerstoffmangel. Wenn Geflügel vor Regen und Zugluft geschützt übernachten kann, schadet ihnen trockene Kälte nicht. Selbstverständlich soll als offene Front die Süd- oder Südostseite gewählt werden. Die Offenfront hat den Vorteil, daß im Stall Ammoniak und Kohlendioxyd sich nicht ansammeln und nicht wie eine Giftwolke die Tiere einhüllen. Ebenso verhält es sich mit der verbrauchten, wasserdampfhaltigen Luft, die sich sonst als feuchter Niederschlag an Stalldecke und Wänden absetzen würde. Somit bleibt der Stall selbst bei Regenwetter verhältnismäßig trocken. Wenn der Fußboden mit einer Sandschicht bedeckt ist, bildet sich auf ihm bei feuchtem Wetter keine Schmierschicht. Der Kot wird durch den Sand gebunden und kann ohne Mühe ausgeharkt werden.

Ich weiß, daß manche Züchter aus Sorge um ihre zarten Tauben Offenfrontställe ablehnen, ja daß sie ihre Schläge bei strengem Frost sogar noch heizen. Letzteres ist ganz und gar verwerflich und gesundheitsschädlich. Tauben, die aus geheizten Schlägen an die frische Luft kommen, erkälten sich besonders leicht. Wiederholt konnte ich mich von dem ausgezeichneten Gesundheitszustand der in Offenfrontställen gehaltenen Tieren überzeugen. Als erste Freiluftanlage sah ich eine ganz primitive im Kriegsjahr 1918 bei einem Reisetaubenzüchter im Ruhrgebiet. Als Mieter hatte er keinen Dachboden. An der massiven Wand eines Stallgebäudes hatte er die Nistregale aufgehängt. Über diesen war zum Schutz gegen Regen ein etwa 1 m breites Brett angebracht und davor eine nicht allzu große Voliere. Genau dieselbe primitive Anlage sah ich vor einigen Jahren bei einem bekannten Rassetaubenzüchter. Er hatte einen Bestand von etwa 200 Tauben, die in einigen Taubenhäusern untergebracht waren. Aus Platzmangel hatte er vier Zuchtpaare in diese provisorische Unterkunft gesetzt. Als ich die Anlage sah, lag fußhoher Schnee. Die Tiere fühlten sich aber sehr wohl dabei. Nach Angaben des Züchters erzielten diese vier Paare die besten Brutresultate. Schon zwischen den beiden Weltkriegen wurde mir berichtet, daß ein damals erfolgreicher Rassezüchter über seinem Hühnerstall einen Offenfrontstall für seine Tauben errichtet hatte. In den außergewöhnlich kalten Wintermonaten Januar–März 1929, als meine Tauben innerhalb einer Viertelstunde im Badewasser festgefroren waren, mußte ein mir bekannter Landwirt und Züchter von Herdbuchgeflügel aus einer Konkursmasse etwa 50 Legehennen, die er als Junghennen geliefert hatte, zurücknehmen, um zu seinem Geld zu kommen. Da in seinen Hühnerställen Platz für diesen Zuwachs nicht vorhanden war, wurde für diese Tiere im großen und offenen Wagenschuppen ein ausreichender Platz mit Drahtgeflecht abgeteilt. Nach etwa 14 Tagen hatten sich die Hennen an die Umstallung gewöhnt und begannen trotz der Kälte mit dem Legen. Erfrorene Kämme konnte ich nicht feststellen. Ich selbst hatte einen Hühnerstall aus Mauerwerk, den schon mein Vater benutzt hatte. Trotzdem er sehr geräumig war, erfroren den Italiener-Hähnen die Kämme. Seit nunmehr 15 Jahren habe ich im Offenfrontstall, dessen Wände aus normalen Schalbrettern bestehen, keinen erfrorenen Kamm mehr erlebt. Dabei haben sämtliche Hennen, ob leichte oder mittelschwere Rassen, vom Herbst an den ganzen Winter über ohne Unterbrechung gelegt. Auch meine Küken kamen im Alter von vier bis fünf Tagen, wenn sie richtig laufen konnten, in einen transportablen Stall mit offener Front. Sie können sofort einen freien Auslauf benutzen, der mit engmaschigem Drahtgeflecht eingezäunt ist und nach Bedarf vergrößert werden kann. Als Wärmequelle dient ein im Häuschen aufgehängter Dunkelstrahler, der an ein 25 m langes Kabel angeschlossen ist. In all den Jahren, seitdem der Stall offen ist, habe ich kein Küken verloren und kein krankes Huhn gehabt. Auch bei meinen Tauben habe ich bei dieser Haltung keinen Krankheitsfall erlebt. So bin ich auf meine alten Tage zu der Überzeugung gekommen, daß die Tiere in Offenfrontställen abgehärtet werden und gegen Krankheiten weniger anfällig sind. Ich würde aber raten, die Tiere nicht im kalten Winter an den Offenfrontstall zu gewöhnen. Der krasse Temperaturunterschied könnte doch Nachteile haben.

Um das Eindringen von Schlagregen durch die Offenfront zu verhindern, wird das Dach um etwa 1 m vorgezogen. Der vorgezogene Teil des Daches muß selbstverständlich besonders abgestützt werden. Eine teilweise Überdachung der Voliere ist ebenfalls vorteilhaft. Die Tiere können sich in diesem Falle auch bei länger anhaltendem Regen auf dem Erdboden bewegen. Dennoch muß der größte Teil der Voliere den Sonnenstrahlen zugänglich sein.

Die offene Front des Taubenhauses muß natürlich durch engmaschiges Drahtgeflecht gesichert werden. Da in diese Seite zum Tragen des Daches auch Rahmen aus Kanthölzern gesetzt werden müssen, läßt sich das Geflecht leicht annageln. Die Kanthölzer erleichtern auch das Anbringen der Ausflugkästen und einer Tür. Die Höhe des Taubenhauses beträgt in der Regel 2,20 m vorne und 1,80 m hinten. Ein Ausflug in dieser Höhe ist für Raubzeug und Katzen leicht zugänglich. Gegen Nachträuber läßt sich der Ausflug abends verschließen. Katzen streunen aber auch am Tage viel umher. Sie erreichen den Ausflug oder das Dach des Hauses auch im Sprung. Die beste Abwehr ist ein scharfer Hund, der seine Hütte direkt am Taubenhaus, möglichst unter dem Ausflug, bekommt. Der Hund läßt sich geflügelfromm erziehen, und die Tauben gewöhnen sich an ihn. Und wenn eine Katze vom Hund gründlich gehetzt worden ist, wird ihr das Wiederkommen verleidet. Auch wenn ein Hund schläft, riecht er heranschleichendes Raubzeug. Diese Weisheit habe ich von einem Hundeliebhaber. Seine Tauben hielt er in einem offenen Brennholzschuppen. Die Nistkästen hingen an der Wand. Einige Paare brüteten auf den Holzstapeln. Etwa 500 m entfernt war der Wald. Selbst am Tag holte sich Meister Reineke die Hühner aus dem Dorf. Auf meine verdutzte Frage, ob ihm der Fuchs noch keine Tauben weggeholt hätte, zeigte er auf seinen Dackel. Wo der läuft, kommt kein Fuchs her, wurde mir erklärt. Und die Ratten unter den Holzstapeln? „Daß die sich hier nicht einnisten, dafür sorgt die Mieze, die im Schuppen ihr Quartier hat", war die Antwort. Es gibt tatsächlich taubenfromme Katzen. Sie müssen nur von klein auf dazu erzogen werden.

Zur Abwehr von Katzen können Ausflüge auch katzensicher hergestellt werden. So hat mein langjähriger Freund Edmund Zurth in seinem berühmten Werk „Die Welt der Tauben" eine solche Anlage vorgeführt und beschrieben. Demnach ist das Bodenbrett des Ausflugs über eine Achse schwenkbar. Während das innere Ende des Brettes auf einer festen Unterlage ruht, so daß ein Herunterklappen nicht möglich ist, schwebt das äußere Ende frei in der Luft. Am inneren Ende des Brettes ist ein Eisenstück befestigt, dessen Gewicht ausreicht, das Brett auch dann noch in der Waagerechten zu halten, wenn das nach außen ragende Vorderteil mit Tauben besetzt ist. Sobald aber eine Katze das Brett von unten oder vom Dach aus anspringt, klappt es nach unten. Die Katze gleitet ab und findet sich verstört auf dem Erdboden wieder. Sie wird vorerst den Versuch nicht wiederholen.

Die Voliere

Wer Platz für ein Taubenhaus hat, wird auch gleichzeitig Platz für eine sich an das Haus anschließende Voliere haben. Durch eine Voliere, die mit engmaschigem Drahtgeflecht bespannt wird, schützt sich der Züchter vor unliebsamen Verlusten – und auch vor Ärger! Größenmaße möchte ich hier nicht angeben; je größer, desto besser und gesünder! Die Tauben sollen in ihr nicht nur von einem Sitzplatz zum anderen hüpfen können, sie sollen auch Gelegenheit haben, die Flügel zu gebrauchen. Die Taube gewöhnt sich ohne weiteres an die Volierenhaltung; doch kann die größte Voliere den Freiflug nicht ersetzen.

Als Unterlage für die Seiten der Voliere können einige Schichten Ziegelsteine vermauert werden. Als Pfosten haben sich Eisenrohre, besser noch T-Eisen (da diese nicht so schnell durchrosten) bewährt, die in das Mauerwerk einbetoniert werden. Weniger gut sind Rahmen aus Kanthölzern, die auf die Ziegelsteine aufgesetzt sind, da sie, um nicht zu faulen, häufige Anstriche nötig machen. Als Drahtgeflecht ziehe ich engmaschiges vor, weil es nicht nur gegen Raubzeug, sondern hauptsächlich gegen Spatzen schützen soll. Denn Spatzen schleppen garantiert Milben oder gar Zecken ein; vor allem sind sie Überträger der auch den Menschen gefährdenden Ornithose.

Sämtliche Schlaginsassen, nicht nur einige, sollen Gelegenheit haben, sich geschlossen in der Sonne zu baden. Tauben lieben es, auf dem Schlagdach zu liegen. Doch möge man beachten, daß Well-Zement-Asbest-Platten, die heute fast ausschließlich verwendet werden, bei jungen Tauben eine Verkrümmung des Brustbeines begünstigen können. Auch ist das Dach häufig zu reinigen, wenn es nicht, verkotet, unsere

Tauben gefährden soll. Namentlich sollte die Dachrinne nicht zugänglich sein, denn die Rückstände in den Dachrinnen sind als Seuchenherde bekannt. Am zweckmäßigsten bringt man an den Innenseiten der Volierenwände Laufbretter in einer Höhe von mehr als 75 cm an, um die Tiere besser betrachten zu können und sie zu veranlassen, ihre Flugmuskulatur zu gebrauchen. Auch sollte in die Decke der Voliere eine Ein- und Ausflugvorrichtung eingebaut werden. Diese sollte unmittelbar vor oder über dem in der Stallwand befindlichen Ausflug liegen.

Nicht selten gelangt eine Taube beim Betreten des Stalles durch unsere Unaufmerksamkeit ins Freie. Sie durch die offenstehende Tür wieder hereinzulocken gelingt nicht immer, weil man dabei Mühe hat, die übrigen Stallinsassen am Entweichen zu hindern. Wenn die Ausreißerin nicht allzu wild ist, werden wir sie bald auf der Voliere entdecken. Gegen Abend wird sie über oder vor dem Stallausflug herumtrippeln und versuchen, in den Stall zu kommen. Findet sie dabei an dieser Stelle eine Einschlupfmöglichkeit, wird sie ohne Zögern davon Gebrauch machen. Durch diese Einrichtung können wir den gesamten Bestand an zeitweisen Freiflug gewöhnen.

Besondere Beachtung und Pflege erfordert der Boden einer Voliere. Naturgemäß wäre ein gewachsener Boden, auf dem die Taube alles finden kann, was sie beim Feldern suchen würde. Doch wird der Boden gerade einer Voliere nur allzu leicht verkotet (deshalb sind Ziersträucher und Rasenflächen nicht unbedingt unter den Sitzplätzen und Laufbrettern anzubringen) und zu einem ständigen Gefahrenherd. Gewachsener Boden wird heute allgemein, nicht zuletzt von den Tierärzten, abgelehnt. Ideal wäre danach Draht- oder zementierter Boden. Zementierten Volierenböden (und hohen Volieren) begegnet man mitunter bei Brieftaubenzüchtern. Doch wirkt ein solcher Boden nicht gerade ästhetisch. Nicht zuletzt sollte man die Instinkthandlungen der Tauben, hier die Nahrungssuche, nicht völlig unterbinden.

Entscheidend ist trockener, grobkörniger Sand. Denn Trockenheit des Volierenbodens ist unerläßlich. Feuchter, meist lehmiger Boden, noch dazu ein verkoteter Boden ist eine Gefahrenquelle erster Ordnung, da er die Entwicklung von Krankheitskeimen aller Art begünstigt. Der Boden muß wasserdurchlässig sein; er darf also nicht nur aus einer dünnen Sandschicht bestehen. Drainage ist daher u. U. nötig, damit auch bei anhaltendem Regen Wasserpfützen sich nicht bilden können. Um die Verkrustung des Bodens zu vermeiden, sollte die Oberfläche des Bodens möglichst täglich mit einem Rechen gelockert werden.

Dort, wo weder mit starker Verkotung, noch mit extremer Feuchtigkeit zu rechnen ist, also nicht unter den Sitzstangen und nicht in der Nähe der Badegelegenheit, legen wir Humusflächen aus guter, torfvermischter Gartenerde an. Diese Flächen sollte man mit Grassamen besäen und das Gras kurz halten. Zwischen den Gräsern entwickeln sich sehr bald Unkrautpflänzchen, die bei unseren Tauben häufig als Leckerbissen gelten. Übrigens sollte man sich, wann immer es möglich ist, die Zeit gönnen und das Verhalten seiner Tauben beobachten. Man kann viel dabei lernen und Erfahrungen sammeln, die einem oberflächlichen Züchter entgehen. So ziehen Tauben zu gewissen Zeiten – nicht immer – Regenwürmer und Ackerschnecken aus dem Erdboden und verzehren sie in rauhen Mengen. Grasflächen in meinem Garten werden kurz nach dem Abmähen außer von Staren auch von meinen Tauben abgesucht. Somit dürfte den Tauben auch eine Grasfläche in der Voliere willkommen sein. Der an dieser Stelle anfallende Kot wird durch das Nachwachsen der Gräser in kurzer Zeit vom Erdboden aufgenommen und zu Humus verarbeitet.

Bei gefährdeten Stellen des Volierenbodens, der Umgebung des Bades und unterhalb der Sitzstangen wird man den Boden zweckmäßigerweise betonieren (ein Wasserzu- und -abfluß wäre von großem Vorteil!) oder mit Natur-, Kunst- oder Zementasbestplatten belegen, um die häufige Reinigung zu vereinfachen.

Ob man die Voliere mit Sträuchern bepflanzt, ist Ansichtssache. Die Tauben lieben kleine Verstecke, die rangniedrigen Tiere benötigen sie. Die Gefahr der Verkotung ist zu beachten.

Wie bereits erwähnt, werden freistehende Taubenställe mit anschließenden Volieren in naher Zukunft wohl die alleinigen Taubenwohnungen sein. Wer die Kosten nicht scheut, kann ihr Äußeres nach seinem Geschmack gestalten. Durch äußeren Anstrich und durch Anbringung von Verzierungen können sie zu Schmuckstücken werden, die durchaus nicht störend auffallen, sondern sich harmonisch der Umgebung anpassen.

Die zweckmäßige Schlageinrichtung

Bevor Tauben beschafft werden, sollte die Schlageinrichtung fix und fertig sein. Grundfalsch ist es, den Schlag zunächst provisorisch einzurichten in der Absicht, ihn bei späterer Gelegenheit auszubauen. Die Tauben, kaum an den Schlag gewöhnt, würden es als eine erhebliche

Störung empfinden, wenn auf ihm mit Hammer und Säge gearbeitet würde. Nicht selten, besonders wenn es sich um flugfreudige Rassen handelt, verlassen die Tiere den Schlag für immer. Sie fliegen entweder zu ihrem Heimatschlag zurück oder suchen fremde Schläge auf. Darum sollten Anfänger ihre Ungeduld, möglichst schnell in den Besitz der Tauben zu kommen, so lange zügeln, bis den Tauben eine komplette Wohnung geboten werden kann.

In einem Taubenschlag sollen für jedes Zuchtpaar zwei Niststätten und ebenso zwei Sitzplätze vorhanden sein. Den Schlag oben unter dem Dachfirst an der Giebelwand anzulegen halte ich nicht mehr für angebracht. Die Dachschräge zu beiden Seiten nimmt viel Platz weg. Aus Sicherheitsgründen ist hier der Einbau von Stütz- und Querhölzern erforderlich, den ein Fachmann zu besorgen hat. Der größte Nachteil ist jedoch der Zugang zu diesen Schlägen, falls keine kostspielige Treppe gebaut werden sollte. Der Zugang mittels einer Leiter bereitet wohl Jugendlichen und jüngeren Menschen keine große Mühe; für ältere Menschen wird er immer beschwerlich sein, denn er muß doch täglich Trinkwasser und Futter nach oben bringen. Wenn die Tauben daran gewöhnt sind, auf dem Erdboden gefüttert und getränkt zu werden, lasse ich es noch angehen. Aber eine tägliche Nestkontrolle und provisorische Reinigung des Schlages, die in der Rassezucht unbedingt vorgenommen werden sollten, würden sicher unterbleiben. Aus diesen Gründen sollte besonderer Wert auf einen bequemen Zugang zum Schlage gelegt werden. In vielen neueren Stallgebäuden, weniger in Scheunen, befinden sich auf den Dachböden besondere festgemauerte Dachkammern zur Lagerung von Getreide oder sonstiger Futtermittel. In vielen Fällen ließe sich eine Dachkammer für einen Taubenschlag abzweigen. Sie sind für die Taubenhaltung sehr geeignet, weil sie fast durchweg nicht viel höher als 2 m sind. Dagegen wird die Bodenfläche der Dachkammer für einen Taubenschlag viel zu groß sein – meines Erachtens jedoch ein großer Vorteil, weil die Fläche Platz für zwei Taubenschläge bietet. Ein Anfänger, der Rassezüchter werden will, benötigt mindestens zwei, wenn nicht gar drei Schläge. Dagegen wird ein Halter, der nur seine Freude an den Tauben haben möchte und keinen Wert auf züchterischen Wettbewerb legt, mit einem auskommen, wenn er die anfallenden Jungtiere nach dem Flüggewerden überwiegend schlachtet oder weggibt.

Die Dachkammern eignen sich vorzüglich zur Anlage von Taubenschlägen, weil sie durchweg hell und luftig sind. Licht und Luft lieben unsere Tauben sehr, wenn sie auch ihr Nest gern im Halbdunkel anlegen. Wie ich schon andeutete, ist die gesamte Bodenfläche einer Dachkammer, von einigen Ausnahmen abgesehen, zur Anlage eines Schlages zu groß. Eine Breite von etwa 2 bis 2,50 m halte ich für praktisch. Ebenso sollte die Decke des Schlages nicht viel höher als 2 m liegen, besser noch etwas niedriger. Es kommt hier auf die Größe des Züchters an. Er soll mit seinen Händen die Decke erreichen können. Wenn an einer Längsseite des Schlages die Nistregale mit einer Tiefe von 40 bis 70 cm angebracht sind, an der gegenüberliegenden Seite die Sitzplätze etwa 20 cm einnehmen, ist es keiner Taube möglich, am Züchter vorbeizulaufen, wenn sie von ihm in die Hand genommen werden soll. Wenn er mit ausgebreiteten Armen den Schlag entlang geht, wird die ganze Gesellschaft vor ihm herlaufen bis zum Ende des Schlages. Er kann aus dem zusammengelaufenen Rudel jede beliebige Taube herausgreifen.

Ebenso ist es mit der Höhe des Schlages. Liegt die Decke des Schlages zu hoch, so daß der Züchter sie mit seinen Händen nicht erreicht, haben die Tauben bald die Gelegenheit wahrgenommen, über ihn hinwegzufliegen. Wohl gewöhnen sich die Tauben an den Züchter. Zur Fütterung trippeln sie um ihn herum, so daß er achtgeben muß, um keine zu treten; sobald er aber eine von ihnen in die Hand nehmen will, saust die ganze Gesellschaft hoch und über ihn hinweg. Sollte dabei die Bodenfläche noch zu groß sein, kann eine Taube nur gefangen werden, wenn sie völlig abgehetzt ist. Daß dabei auch die übrigen Schlaginsassen nervös und wild werden, liegt auf der Hand. Bei den angegebenen Maßen gewöhnen sich die Tauben sehr bald daran, in die Hand genommen zu werden, wenn sie es erst gemerkt haben, daß eine Ausweichmöglichkeit nicht besteht und ihnen nichts geschieht.

Die Taube bedarf namentlich nachts einer Ruhegelegenheit, eines Sitzplatzes. Innerhalb des Schlages bevorzugt sie einen bestimmten, nur ihr gehörenden Platz. Da es aber vorkommt, daß ein rabiater Täuber nur seine Ehehälfte zuläßt und die schwächeren Tauben wegbeißt, sollten mehr Sitzplätze vorhanden sein als Tauben. Tauben pflegen möglichst hoch zu ruhen. Damit die Rangordnungskämpfe auf ein Mindestmaß beschränkt bleiben, wähle man für alle Sitzplätze die gleiche Höhe. Maße und Entfernungen richten sich nach der Größe und der Befiederung der Tauben. Die Tiere sollen sich bequem bewegen und drehen und sich nicht gegenseitig belästigen können.

Sitzstangen werden aus etwa 24×48 mm starken gehobelten Holzleisten hergestellt, ihre Kante an der Oberseite leicht abgerundet. Um Streit unter den Nachbarn der Tauben zu verhindern, unterteile man

Sitzregal mit Trennwänden und Kotbrettern.

die Sitzstangen durch senkrechte Querbretter. Zur besseren Desinfektion sollten die Stangen lose in einer Lagerung ruhen. Etwa 60 cm unter den Sitzstangen wird man einen sog. Kotboden anbringen, eine etwa 1,5 cm starke, schräg nach hinten befestigte Eternitplatte mit einer waagerecht verschraubten Querleiste als unterer Abschluß. Der Kotboden hat den Nachtkot der Tauben aufzufangen und ist mit Sand zu bestreuen.

Am gebräuchlichsten sind noch immer die Sitzregale. Sie bestehen aus ca. 48 mm breiten Querleisten aus Holz, die meist in 3 bis 4 Etagen übereinander in entsprechende Aussparungen senkrechter Stützleisten eingelegt sind. Trennwände in einer Entfernung von ca. 35 cm sind auch hier vorzusehen. Ebenso ein Kotboden. Die unterste Sitzleiste sei wenigstens 40 bis 50 cm vom Boden entfernt.

Sattelkonsolen, sog. Reiter.

Für hochstehende Kröpfer, stark belatschte Rassen, Pfautauben und schlechte Flieger sind Einzelsitze wie Sitzteller und Sattelkonsolen, auch Reiter genannt, besser geeignet. Sitzteller sind kreisrunde oder quadratische (Ecken abgerundet) bzw. ovale, waagerecht angebrachte Brettchen, die auf schräg gestellte Metalleisten geschraubt sind. Die Metalleisten ihrerseits werden in Ösen an die Wand gehängt oder angeschraubt. Die Oberfläche der Brettchen mit einem Durchmesser von etwa 15 bis 20 cm sei aufgerauht. Werden die Sitzbretter in zwei Reihen übereinander angebracht, dann bringe man die Sitze der unteren Reihe auf Lücke an, um eine Verschmutzung der unteren Tauben zu verhindern. Bei mehrreihiger Sitzanordnung sehe man genügend breite Kotbretter vor.

Reiter bestehen aus einem etwa 15 bis 20 cm langen und ca. 4 cm breiten Ruhebrettchen. Links und rechts ist je ein schräges Kotbrett mit Auffangleiste anzubringen. Der Reiter wird ebenfalls an die Wand geschraubt oder in eine Öse eingehängt.

Die Haupteinrichtung eines Schlages dürften wohl die Niststätten darstellen. Ich habe schon gesehen, daß die ganze Wand mit leeren Apfelsinenkisten behängt war. Mit Apfelsinenkisten läßt sich eine geregelte Zucht natürlich nicht betreiben. Taubenliebhaber und -züchter wird man nicht aus heiterem Himmel; man hat Zeit, Nistregale aus stabilen Brettern entweder selbst herzustellen oder anfertigen zu lassen. Die einzelnen Abteile seien geräumig, denn sie sollen ja nicht nur die Nistschale aufnehmen. Sie sollen so geräumig sein, daß sich in ihm zwei Tiere verpaaren lassen, und gleichzeitig so hoch, daß sie nach der Verpaarung den Tretakt vollziehen können. Je nach Größe der Rasse dürfte eine Höhe von 40 bis 60 cm ausreichen. Für die Tiefe des

Vorbildliche Schlageinrichtung.

Vorbildliche Schlageinrichtung mit ausreichendem Nistraum für jedes Taubenpaar (Besitzer: W. B. Schroeder, Shakopee/USA).

Regals würde ich 40 bis 70 cm empfehlen, dagegen 80 bis 100 cm für die Breite einer einzelnen Nistzelle.

Manchem mögen diese Maße zu reichlich erscheinen. Eine geräumige Nistzelle hat aber den Vorteil, daß man in ihr ein Zuchtpaar eine Zeitlang eingesperrt halten kann. Außerdem haben in ihr die Jungtiere, bevor sie flügge sind, das Nest aber bereits zeitweise verlassen, mehr Bewegungsfreiheit. Man kann sie hier rechtzeitig an Futter und Wasser gewöhnen. Sie werden bedeutend früher selbständig, als wenn sie nach dem Flüggewerden die Futter- und Wasseraufnahme auf dem Boden des Schlages erst erlernen müßten.

Da für ein Zuchtpaar zwei Nistzellen zu berechnen sind, sollen diese vorerst nicht durch eine feste Zwischenwand unterteilt werden, so daß praktisch eine Doppelzelle entsteht. Feste Zwischenwände werden nur zwischen zwei Doppelzellen eingebaut. Als Zwischenwand für eine Doppelzelle eignet sich ein herausnehmbares Holz- oder Drahtgitter, das durch je zwei auf dem Boden und unter der Decke der Zelle befestigte Leisten, die als Führung dienen, gehalten wird. Diese durchsichtigen Zwischenwände haben sich bei Um- oder Zwangsverpaarungen sehr bewährt. Werden zwei bisher wildfremde Partner zusammen in eine Zelle gesetzt, wird der Täuber die Täubin tagelang in der Zelle herumjagen, wodurch eher eine Ab- als eine Zuneigung zum Partner entsteht. Werden die beiden dagegen in den ersten Tagen durch das Gitter getrennt in der Zelle gehalten, ist eine Belästigung der Täubin nicht möglich. Im Gegenteil, eine Paarung geht schneller vonstatten. Sobald beide durch ihr Gebaren zeigen, daß sie zur Paarung bereit sind – wenn Täuber und Täubin am Gitter auf dem Boden liegen oder sich schnäbeln –, kann die Zwischenwand entfernt werden. Hierdurch sind einige Tage an Zeit gewonnen.

Die Zahl der Etagen des Regales richtet sich nach der Höhe des Schlages und der Nistzellen. Bei einer Schlaghöhe von 2 m und einer Zellenhöhe von 50 cm ist Raum für vier Etagen vorhanden. Der Züchter kann diese Maße je nach Bedarf etwas verändern. Die unterste Nistzelle sollte etwa 30 cm vom Boden entfernt sein, der freie Raum zwischen Boden und Nistzelle zur Wand durch ein Holzgitter gesichert sein, damit noch nicht flügge Jungtiere dahinter vor rabiaten Täubern Schutz finden. Der Abstand der Stäbe ist so zu wählen, daß er wohl Jungtauben, nicht aber Alttiere hindurchläßt. Praktisch ist es, wenn das unterste Fach für Nistzellen nicht in Anspruch genommen wird, sondern für besondere Fälle geschlossen gehalten wird. Der Züchter kann hier zugekaufte Tiere zum Eingewöhnen unterbringen oder kleinere Futterbehälter, Nistschalen, Medikamente usw. schmutzsicher unterstellen. Aber auch Mausefallen haben hier ihren Platz! Auf welchem Schlage stellen sich diese flinken Gesellen nicht ein!

Die Vorderfront des Nistregales besteht aus vor den einzelnen Zellen herausnehmbaren Gittern. Jedes Gitter bzw. jede Zelle soll eine als Ein- und Ausgang dienende Öffnung haben und jede Öffnung ein Anflugbrett. Die Öffnungen sollen zugleich verschließbar sein. Das Anflugbrett kann durch entsprechende Vorrichtung auch als Verschlußklappe dienen. In diesem Falle werden unter dem Anflugbrett zwei schmale Leisten befestigt, die das Brett in der Länge etwa um die Hälfte überragen. Diese Leisten werden unter dem Vorsatzgitter hindurchgeschoben und bekommen hinten ihren Halt durch zwei auf dem Zellenboden befestigte Ösen, in die die Leistenenden eingeschoben werden. Vor der Zellenöffnung müssen ebenfalls entsprechende Ösen angebracht sein, in die das Brett eingesteckt wird, wenn die Zelle geschlossen werden soll.

Man kann die Nistzellen-Vorderfront auch verschließen durch einen vorzuhängenden oder abklappbaren Gitterrahmen, der mit einer bzw. zwei Einflugöffnungen versehen ist. Die Anflugbrettchen können hochgeklappt werden und verschließen die Nistzelle völlig. Vorzug: eine weitgehend störungsfreie Abschirmung gegenüber anderen Tauben; Nachteil: Tauben, die sich einmal in eine solche Zelle verirrt haben oder aus Neugier hineingeraten sind, finden nicht mehr leicht hinaus. Dadurch können Gelege zerstört und Jungtauben beschädigt werden. Eine andere Art des Verschlusses ist die offene Nistzellen-Vorderfront. Sie besteht aus einem etwa 10 cm hohen, T-förmigen Quersitzbrett, das die noch nicht ganz flüggen Jungtauben vor dem Herunterfallen bewahrt. Durch abklappbare Gitterrähmchen sind die Halbzellen zu schließen. Vorteil: Die Nistzellen sind von fremden Tauben leicht anzufliegen, gestatten es ihnen aber, ebenso leicht wieder hinauszufinden. Gute Erfahrungen haben dabei Züchter schwerer Taubenrassen gemacht. – Es würde zu weit führen, hier sämtliche Verschlußmöglichkeiten zu erwähnen. Ich habe hier nur einige genannt für Züchter, die Talent zum Basteln besitzen oder die die Kosten für einen Handwerker ersparen möchten. Fertige Vorsatzgitter sind heute im Fachhandel zu haben, ebenso die gesamte Schlageinrichtung, ja selbst komplette Taubenhäuser. In der Fachpresse werden sie angeboten und auf größeren Schauen vorgeführt.

Die Länge der Nistregale richtet sich nach der Länge der Seitenwände. In der Regel haben diese Bodenkammern eine Dachschräge. In den meisten Fällen reicht das Dach nicht bis auf den Fußboden, sondern es ruht auf dem sog. „Prembel", der Erhöhung der Umfassungsmauer des Gebäudes in der Höhe von einem halben bis zu einem ganzen Meter. Wenn die Länge der Seitenwände 5 m beträgt, kann das Regal nicht in gleicher Länge erstellt werden, es sei denn, daß es an einem Ende durch Fortfall einiger Etagen der Dachschräge angepaßt würde. Vielleicht dürfte hier eine Regallänge von 4 m genügen. Das Regal hätte dann bei acht Doppelzellen genügend Brutraum für acht Zuchtpaare. Mit dieser Anzahl finde ich den Schlag vollbesetzt. Lieber würde ich noch zwei bis drei Paare weniger halten, denn je weniger Tiere vorhanden sind, desto sauberer bleibt es auf dem Boden. Auf alle Fälle soll eine Überbesetzung des Schlages vermieden werden. Sie wird sich in verschiedenen Richtungen nachteilig auswirken.

Unbedingt erforderlich sind Unterschlupfmöglichkeiten für halbflügge, aus der Nistzelle gefallene Jungtauben. Sie werden auf dem

Brutnester mit aushängbaren Gitterwänden
(Besitzer: Rainer Dammers, Neumünster).

Boden des Schlages von den Alttieren gehackt und oft übel zugerichtet, sofern sie nicht einen schützenden Unterschlupf finden. Häufig genügt der freie Raum unter den Nistzellen (S. 35 ff.). Wenn nicht, stellt man eine kleine Holzkiste (besser mehrere), deren eine Seitenwand entfernt ist, umgestülpt an eine Wand. Dabei soll der Abstand der Kiste bis zur Wand nur so breit sein, daß sich nur ein nicht ausgewachsenes Tier durch diesen Spalt zwängen kann, einem Alttier der Zugang aber nicht möglich ist. Auf diese Weise ist schon manches Jungtier gerettet worden, und mancher Züchter, der diese Schutzvorrichtung nicht hatte, fand ein vielversprechendes Jungtier zerhackt und skalpiert tot auf dem Boden. Erwähnen möchte ich noch, daß ein verfolgtes Jungtier den schützenden Spalt instinktiv findet. Es verläßt ihn nur dann, wenn die Eltern zum Füttern locken, und sucht ihn anschließend sofort wieder auf. Ein Schutzkasten sollte als loses Inventar auf jedem Schlag vorhanden sein.

Praktisches Futtergerät für Kröpfer.

Als weiteres Inventar werden ein Futtertrog, eine Tränke und ein Gritbehälter benötigt. Wenn der Boden des Schlages auch vor jeder Fütterung gereinigt werden könnte, so bleibt doch die Gefahr einer Infektion durch Viren, Bazillen oder Bakterien bestehen, wenn das Futter breitwürfig auf den Fußboden gestreut wird. Aus diesem Grund ist ein Futtertrog vorzuziehen. Für die Tauben weit gesünder wäre die Fütterung im Freien, an die sie sich schnell gewöhnen würden. Doch ist auch sie heute wegen der Ansteckungsgefahr nicht mehr zu empfehlen.

Früher hielt man Holzfußböden für ideal. Ein Holzfußboden aber besitzt Ritzen; Ritzen sind jedoch Verstecke und Brutstätten des Ungeziefers unserer Tauben. Holzfußböden sind dann annehmbar, wenn eine dicke Lage von Einstreu (Sand) aufgebracht wird. Heute verwendet man besser Spanplatten von einer Stärke von 15–20 mm. Sie haben den Vorzug, daß sie sich fugenlos verlegen lassen. Doch bedürfen auch Spanplatten einer Einstreu, aus der der Kot täglich mit einem engzahnigen Rechen entfernt wird, und einer öfteren Desinfektion. Von Zeit zu Zeit sollte die Sandschicht erneuert werden, besonders dann, wenn sie durch den Kot durchfeuchtet ist.

Die Tür des Schlages sollte sich nur nach außen öffnen lassen. Im umgekehrten Fall wird ein Tier aufgescheucht, wenn es sich hinter der Tür zur Ruhe niedergelegt hat. Nicht selten klemmt dabei ein Fuß unter der Tür fest, wobei das Bein ausgerenkt oder gebrochen wird.

In jeder Dachkammer wird ein Fenster vorhanden sein, entweder in der Giebelwand oder im Dach. Die Tauben auf dem Schlag benötigen viel Tageslicht, wenn sie sich wohlfühlen sollen. Auch die Verbreitung des Ungeziefers wird durch die Ultraviolettstrahlung der Sonne gehemmt. Allerdings hält Fensterglas die Ultraviolettstrahlung zurück. Fenster sollten deshalb abnehmbar und durch Drahtgitterrahmen zu ersetzen sein.

In Dachkammern, die ursprünglich zur Getreidelagerung vorgesehen waren, sind Be- und Entlüftungsanlagen vorhanden. Starker Luftdurchzug ist für lagerndes Getreide vorteilhaft. Für unsere Tauben dagegen ist jede Zugluft schädlich, doch benötigen sie viel Sauerstoff. Fenster und Ausflug können nicht immer über Nacht geöffnet bleiben. Besonders wenn der Kot nicht regelmäßig entfernt wird, entwickeln sich in dem unter den Sitzplätzen befindlichen Kot Kohlendioxyd und Ammoniak. Ammoniak kann die Luft des Schlages beeinträchtigen, wenn nicht sogar vergiften, falls Fenster und Ausflug geschlossen sind. In einem ordnungsgemäß gehaltenen Taubenschlag soll überhaupt kein Mief oder süßlicher Geruch zu bemerken sein. Wir erreichen eine laufende Sauerstoffzufuhr, wenn Zugluft erzeugt wird, die unmittelbar unter der Decke des Schlages über die Tauben hinwegzieht. Zu diesem Zweck werden in der dem Dach gegenüber befindlichen Mauer einige Öffnungen geschaffen, die notfalls durch engmaschiges Drahtgeflecht abzusichern sind. Sollten sich im Dach gegenüber bereits durchlöcherte Lüftungsziegel befinden, müßten diese derart umgelegt werden, daß sie mit den erwähnten Maueröffnungen in einer Höhe liegen. Auf diese Weise werden die Tauben von der Zugluft nicht belästigt. Selbstverständlich müßten etwaige für die Tauben ungünstige Öffnungen, die zur Belüftung des Getreides angelegt wurden, abgedichtet werden.

Sollte eine Dachkammer zur Taubenhaltung nicht abgezweigt werden können und sollte aus verschiedenen Gründen auf ein freistehendes Taubenhaus verzichtet werden, kann auf dem Dachboden ein Holzverschlag in den angegebenen Maßen gezimmert werden. Hier ist vorerst der Fußboden zu verlegen. Besondere Sorgfalt erfordert die Anbringung der Bretterwände. Erscheinen Bretter mit Nut und Feder zu kostspielig, können einfache Schalbretter Verwendung finden. Bei diesen müssen die Fugen durch Deckleisten abgedichtet werden, damit Zugluft vermieden wird. Doch verwerfen sich Deckleisten auf Brettern und begünstigen Zugluft. Früher wurden die Holzwände zur Verhinderung von Zugluft und zum Schutz gegen Ratten mit Dachpappe verkleidet. Ratten fressen sich über Nacht durch ein zölliges Brett, zernagen aber keine Teerpappe. Durch die modernen Bekämpfungsmittel wird ein Rattenbefall vermieden, wenn diese Mittel vorsorglich zur Anwendung kommen. Die Verkleidung mit Dachpappe hat den Nachteil, daß letztere sehr hitze- und kältedurchlässig ist. Heute finden wir auf dem Baustoffmarkt genügend Isoliermaterial, das Holzbretter ersetzt, im Preis jedoch kaum höher liegt. Zur Verschalung von Dachkammern verwendet man am besten ein Lattengerüst und verkleidet es mit Span- oder Hartfaserplatten oder anderen von der Industrie angebotenen Platten, die auf Deckleisten und Dachpappe verzichten können.

Die Anlage des Ausfluges erfordert besondere Überlegungen. In fast sämtlichen Abhandlungen wird betont, daß der Ausflug an der Ost- bis Südostseite des Gebäudes gelegen sein solle. Ja, kann man denn ein Gebäude in diese Richtung versetzen, wenn eine andere Möglichkeit zur Anlage eines Taubenschlages nicht vorhanden ist? Über 30 Jahre lang lag mein Schlag in der Nordwestecke des Hauses mit dem Ausflug nach Norden. Über 30 Jahre haben meine Tauben nun ihren Ausflug nach Osten und nach Süden. In den ersten 30 Jahren habe ich keine Krankheiten und Seuchen bemerkt, die sich in den letzten 30 Jahren wiederholt einstellten. Ich betrachte das nicht als einen Zufall, sondern führe es darauf zurück, daß die Tauben nicht mehr die Gelegenheit haben, im gleichen Maße wie früher auf gewachsenem Erdboden herumzulaufen. Früher liefen meine Tauben dauernd auf dem Hof herum. Die Hauptursache ihrer Gesundheit war wohl der damals vorhandene, heute verschwundene Misthaufen auf dem Hof. Von der austretenden Jauche nippten die Tauben ab und zu. Anfangs hatte ich versucht, es zu verhindern. Meine Bedenken verschwanden, als mich ein alter Arzt beruhigte: Jauche, besonders der in ihr enthaltene Harn, sei Medizin für die Tauben, und er bedauere, daß er für seine eigenen Tauben keinen Misthaufen habe. Aus gleicher Ursache waren wohl früher auf unseren Bauerngehöften Taubenkrankheiten unbekannt. Wenn Tauben auf ihren Schlägen keiner Zugluft ausgesetzt sind, dürfte die Himmelsrichtung ihrer Lage nebensächlich sein.

Ausflugvorrichtung am schrägen Dach.

Praktischer Ausflug am Giebel.

Ob der Ausflug durch die Mauer des Giebels geführt wird oder direkt durch die Dachschräge, hat in allen Fällen seine Vor- und Nachteile. In den ersten beiden Fällen sind die Schläge vor Raubzeug ziemlich sicher, weil es an einer massiven Steinwand kaum hochklettern kann. Nachteilig könnte sich die Lage des Ausflugs höchstens dann auswirken, wenn der Platz unter ihm von ahnungslosen Menschen betreten wird, wenn einem Herrn etwas auf den Sonntagshut oder auf den besten Anzug fällt. Diese Nachteile bestehen bei einem Dachausflug nicht. Dagegen ist er für Raubzeug leichter zugänglich, wenn es über nahestehende Bäume auf das Dach gelangen kann. Ein weiterer Nachteil ist die durch den Taubenkot verschmutzte Dachrinne. Mit dem Regenwasser fließt er von den Dachziegeln nach unten, setzt sich aber in der Dachrinne ab. Gern picken die Tauben in der sich bildenden Schlammschicht, die für verschiedene schädliche Bakterien oder Pilze eine ideale Brutstätte ist. Eine zweimalige Säuberung im Jahr ist erforderlich, um die Verschmutzung zu vermeiden. Jedermann aber kann diese halsbrecherische Arbeit nicht verrichten.

Der Züchter oder der Anfänger muß nun entscheiden, wo und wie er den Ausflug anbringen will. Grundsätzlich darf der Ausflug nicht zu schmal sein. Ich habe Ausflüge gesehen, die nur die Breite eines Ziegelsteines oder eines Dachziegels hatten. Diese Ausflüge sind zu schmal. Unter Garantie wird ein zu schmaler Ausflug von einem ein-

Halbierung des Ausfluges zur Abhilfe gegen herrschsüchtige Täuber.

Oben Ausflug, darunter kleine Voliere.

zelnen Täuber beherrscht, der sämtlichen Schlaginsassen außer seiner Partnerin den Ein- und Ausgang verwehrt. Es sind nur Momente und höchstens ein paar Stunden, wenn sich der Raufbold zufällig entfernt hat oder er dem Brutgeschäft nachgeht, in denen der Ausflug ungestört benutzt werden kann. Wenn bei Anbruch der Dämmerung ein Teil der Tiere noch draußen sitzt und die einzelnen Tiere bei jedem Versuch, in den Schlag zu kommen, zurückgetrieben werden, kann man sich die Stimmung des Züchters vorstellen. Alle Versuche, diesem Herrscher seine Untugend abzugewöhnen, werden vergeblich sein. Die einzige Rettung ist eine Verbreiterung des Ausflugs auf etwa 50 cm. Bei dieser Breite haben die Tauben Gelegenheit, an dem streitbaren Täuber vorbeizulaufen. – Die Breite des Ausfluges kann natürlich um einige Zentimeter schwanken. Bei einem Dachausflug würde das Halbieren eines Dachziegels und das anschließende Abdichten unnötige Arbeit verursachen. Ebenso verhält es sich mit Ziegelsteinen.

Es gibt verschiedene Systeme von Ausflugkästen. Alle sollen aber so eingerichtet sein, daß sie ohne große Mühe geschlossen und zum Eingewöhnen benutzt werden können. Wenn nicht von vornherein entsprechend hergerichtet, soll die Möglichkeit doch vorhanden sein, daß sich draußen ein Eingewöhnungskäfig anbringen läßt. Dabei ist es vorteilhaft, wenn sich der Ausflug direkt unter oder neben

Praktische Fluganlage für Dachschläge (Besitzer: Heinz Kaupschäfer, Dorsten).

dem Fenster des Schlages befindet, damit der Züchter ohne große Mühe die entsprechenden Arbeiten verrichten kann.

Die idealsten Ausflugeinrichtungen habe ich in älteren Häusern der Stadt Hannover kennengelernt. Sie waren teils schon uralt, trotzdem noch sehr stabil und stammten aus jener Zeit, in der die Züchter des Hannoverschen Tümmlers ihre Soloflieger trainierten: ein rechteckiges Bodenbrett von 1 m Länge und 50 cm Breite, das zur Hälfte aus dem Dach ragte. Auf dieses Brett aufgesetzt war ein kastenförmiger Holzrahmen. In die Leisten dieses Holzrahmens waren dünne Eisenstäbe als Gitter eingelassen. Der Deckel war ebenfalls ein Gitter, reichte aber nur bis zu einem Abstand von etwa 30 cm vom Gitter der Stirnwand des Kastens. Die nicht vergitterte Öffnung diente als Ein- und Ausgang. Die Tauben mußten also von außen in den Kasten hinein- und von innen aus ihm hinausspringen. Hinzufügen muß ich noch, daß die Höhe des Gitterkastens etwa 25 cm betrug. Ideal fand ich dabei den Verschluß. Es waren nicht die vielfach üblichen Klappen oder Fallschieber, deren Funktionieren so oft durch Kot gestört wird. Er bestand, den Maßen der Öffnung entsprechend, ebenfalls aus einem Gitterrahmen, und man konnte ihn mit einem an ihm befestigten dünnen Eisenstab unter dem befestigten Deckel hin- und herschieben. Tauben, die im geschlossenen Kasten saßen, merkten oft nicht, daß die Öffnung frei geworden war, wenn der Deckel langsam weggezogen wurde. Die Tauben hatten in diesem Ausflug nicht nur Aussicht nach drei Seiten, sondern auch nach oben. Sicher wird diese Ausflugeinrichtung unseren Hochflugsportlern längst bekannt sein. Ich möchte sie jedoch auch jedem Rassetaubenzüchter empfehlen.

Die erstmalige Besetzung des Schlages

Hat ein Anfänger seinen Schlag wohnlich eingerichtet, so daß sich in ihm die künftigen Insassen wohl fühlen können, kann er ihn mit Tauben besetzen. Sicher wird er sich bereits für eine Rasse entschieden haben. Jede Taube, die in einen fremden Schlag gesetzt wird, muß sich erst an die neue Wohnung gewöhnen und ihr bisheriges Zuhause vergessen. Piepjunge Tiere trauern gar und nehmen nicht selten während der ersten Tage keine Nahrung auf. Doch Geduld, sobald der Hunger kommt, ist alles vergessen. Grundfalsch ist es aber, den Schlag mit jungen und alten Tieren zugleich zu besetzen. Die Alttiere würden die jungen bald verfolgen und drangsalieren. Ebenso falsch ist es, den Schlag mit zu wenig Tieren zu besetzen. Die Taube liebt die Gesellschaft, auch wenn sie ihren Artgenossen gegenüber sehr zänkisch ist. Immerhin kommt es auch auf den Charakter der jeweiligen Rasse an. Schwerfällig fliegende Rassen gewöhnen sich schneller an einen neuen Schlag als fluggewandte. Doch zänkisch werden sie alle sein. Wird der Schlag nur mit zwei Paaren besetzt, wird sich bald ein Täuber als Alleinherrscher aufspielen und das andere Paar, besonders den Täuber drangsalieren, so daß dieser sein Heil in der Flucht suchen und vielleicht froh sein wird, der Hölle entronnen zu sein. Daher sollte der Anfang mit mindestens drei, besser noch mit vier Paaren gemacht werden. Bei dieser Besetzung wird der herrschende Täuber von einem einzelnen Tier abgelenkt. Auch werden die übrigen Täuber zur Gegenwehr oder zum Widerstand bereiter sein.

Auf keinen Fall soll der Züchter mit verschiedenen Rassen zugleich beginnen. Sofern er eine Rassetaubenzucht betreiben will, würde er sich bei verschiedenen Rassen doch stark verzetteln, und schließlich würde er mit keiner Rasse die gewünschten Erfolge erzielen. Noch weit schlimmer ist es, werden verschiedene Rassen in einem Schlag gehalten, deren Ansprüche ebenfalls verschieden sind. Strasser, Luchstauben und Coburger Lerchen können notfalls zusammen gehalten werden, weil sie in ihrer Körpergröße ziemlich übereinstimmen und auch die gleichen Futterrationen benötigen. Selbst Schautauben mit den genannten Rassen in einem Schlag zu halten, führt zu einem Fiasko. Die Schautaube mit ihrem gebogenen Schnabel benötigt zur Futteraufnahme mehr Zeit als etwa ein Strasser, weil sie mit ihrem Schnabel ein Korn von der Seite anfaßt wie etwa ein Papagei, während ein Strasser mit seinem natürlich gebauten Schnabel das Korn direkt aufpickt. Die Folge davon ist, wie ich es selbst wiederholt erlebt habe, daß die Schautaube dauernd hungrig ist und die Strasser nach einer gewissen Zeit verfettet sind und in der Zucht versagen. Langsam fressende Rassen sind ebenfalls die Warzentauben. Auch robuste Rassen mit zierlichen Tauben, gar Kurzschnäblern, in Gemeinschaft zu halten ist falsch, weil bei ihnen Futter und Futterrationen ganz verschieden sind. Das gilt nicht nur für die Haltung und Fütterung der Zuchttiere, sondern auch für die Fütterung der abgesetzten Jungtiere im abgeteilten Jungtierschlag. Jede Rasse hat ihre besonderen Eigenarten, die zu berücksichtigen sind. Daher soll der Anfänger grundsätzlich nur mit einer Rasse beginnen. Unsere erfolgreichsten Züchter waren immer Spezialisten einer besonderen Rasse.

Als an den Schlag gewöhnt können die Tauben dann betrachtet werden, wenn jedes Tier oder Paar sich einen festen Platz angeeignet hat, den es gegenüber anderen Schlaginsassen zäh verteidigt. Erst dann soll man sich überlegen, ob man den Tieren die Freiheit geben kann. Während das Eingewöhnen in ein Taubenhaus mit anschließender Voliere überhaupt kein Problem darstellt, ist das Eingewöhnen in einen Schlag mit Freiflug doch mit allerlei Risiken verbunden. Ohne jegliche Schwierigkeiten lassen sich nestjunge Tiere eingewöhnen. Wenn man die Gewißheit hat, daß sie ihren Heimatschlag noch nicht verlassen hatten und sich nicht auf dem Dach orientieren konnten, erübrigt sich ein Verschließen des Ausfluges. Sie finden ihn schon, wenn sie den Schlag kennen und nehmen sich einige Tage Zeit, um sich die Umgebung einzuprägen.

Ich möchte jedem Anfänger empfehlen, der nicht sofort eine Kanone in der Rassetaubenzucht werden will, mit nestjungen Tieren zu beginnen. Wer allerdings sofort mit hochwertigem Material beginnen will, wird es mit Nestjungen kaum oder höchstens durch Zufall bekommen. Bei vielen Rassen läßt sich der künftige Rassewert eines nestjungen Tieres erst nach der Hauptmauser feststellen. Nur ein langjähriger und in der

Rasse erfahrener Züchter wird vielleicht schon bei den Nestjungen deren späteren Wert erkennen. Somit bleibt den Anfängern nichts weiter übrig, als mit ausgewachsenen Tieren, die schon zuchtreif sind, zu beginnen. Eine Ausnahme bilden hier die Reisebrieftauben, von denen die Nestjungen sehr leicht einzugewöhnen sind, dagegen alte Zuchtpaare wohl kaum, höchstens durch umständliche Kniffe und Arbeiten, so daß dem Anfänger schließlich die Lust am Sport vergehen würde. Wohl lassen sich Einzeltiere dieser Rasse umgewöhnen, wenn sie an eigene Tauben gepaart werden. So habe ich in meiner Jugendzeit einen jährigen Täuber aus 5 km Entfernung und eine zweijährige Täubin, die von Kattowitz nach Duisburg zu ihrem Heimatschlag zurückgeflogen war, bei mir eingewöhnt. Aber durch welche Arbeit, durch Hunger und Leckerbissen zahm und anhänglich dressiert wie einen Hund, daß sie mir auf Kopf und Hände flogen. Ob sie sich bei mir schließlich eingewöhnten, weil sie sich täglich im Spiegel besehen konnten, oder ob es daran lag, daß ich sie erst frei ließ, als sie trieben oder getrieben wurden, haben sie mir nicht verraten. Ich weiß nur noch, daß der Täuber, den ich 1920 bekam, in diesem Jahr drei Bruten brachte und dann verschwand. Die Täubin bekam ich im Herbst 1922. Nach der ersten Brut im Frühjahr 1923 war auch sie verschwunden. Vielleicht haben sie ihren Heimatschlag wiedergefunden, vielleicht hat sie der Sperber, der hier damals furchtbar hauste, geholt. 1926 landete bei mir ein alter Täuber, den ich 1922 nach Berlin verkauft hatte. Das beweist doch, daß alte Brieftauben ihre Heimat jahrelang im Gedächtnis behalten. Da der Wert einer Reisetaube nicht in ihrer äußeren Erscheinung liegt, sondern in ihrer Leistung, kommt der Anfänger schon mit nestjungen Tieren zu gutem Material.

Fühlen sich Alttiere im neuen Schlag heimisch, indem sie ihre festen Plätze behaupten oder gar schon mit dem Brutgeschäft begonnen haben, sollen sie sich die nähere Umgebung des Schlages einprägen. Dazu ist der Eingewöhnungskäfig erforderlich, der vor dem Ausflug angebracht wird, wenn nicht der Ausflug von vornherein zugleich zum Eingewöhnen hergestellt sein sollte. Sicher, es sind schon Tauben eingewöhnt worden, die freigelassen wurden, ohne die nähere Umgebung ihres neuen Schlages zu kennen. Nach dem Öffnen des Ausflugs kommen sie zögernd heraus, bleiben vor dem Ausflug eine geraume Zeit hocken und äugen nach allen Seiten. Mitunter fliegen sie nicht hoch, sondern laufen wieder in den Schlag hinein. Hier hat der Besitzer schon viel, aber noch nicht alles gewonnen. Wiederholt sich das Heraus- und Hineinlaufen im Lauf des Tages, so haben die Tiere öfter Gelegenheit, sich die Lage des Schlages zu merken. Aber wehe, wenn sie hierbei gestört werden! Zufällig wird in der Nähe ein Teppich geklopft, oder es ertönt ein anderes ungewohntes Geräusch: Die Tiere werden aufgescheucht, sie erheben sich in die Luft, und wenn es sich um eine fluggewandte Rasse handelt, merken sie bald, daß sie längere Zeit keine Gelegenheit zum Fliegen hatten, und wollen das Versäumte nachholen.

Wenn sie mit der neuen Umgebung noch nicht vertraut waren, finden sie ihren Schlag nicht oder nur selten wieder. Sie fliegen in den Lüften suchend umher und landen schließlich ermattet auf irgendeinem Gebäude, mitunter kilometerweit entfernt. Die Tiere sind dann nicht weggeflogen, wie allgemein gesagt wird, nein, sie haben sich verirrt! Haben die Tiere Gelegenheit, sich mehrere Tage hintereinander vom Ausflug oder vom Eingewöhnungskasten aus mit der Umgebung vertraut zu machen, werden sie, wenn sie sich in der Luft ausgetobt haben, bestimmt ihren neuen Schlag anfliegen.

Während der Tage des Eingewöhnens wird der Besitzer, sofern er Zeit hat die Tauben zu beobachten, feststellen, daß sich nur ein bestimmtes Paar im Gewöhnungskäfig aufhält und die übrigen Tiere, sobald sie erscheinen, in den Schlag zurücktreibt. In diesem Fall muß sich der Besitzer der Mühe unterziehen, jedes Paar täglich für mehrere Stunden in den Käfig zu setzen und den Käfig nach innen zum Schlag hin verschließen. Somit hat jedes Paar Gelegenheit, mit der Umgebung bekannt zu werden.

Nach welchem Zeitraum den Tauben die Freiheit gegeben werden soll, ist verschieden. Es richtet sich auch hier nach dem Temperament der Rasse. Im allgemeinen werden sie im Laufe von zwei Wochen im neuen Schlag heimisch geworden sein. Oft wird behauptet, Tauben ließen sich leichter eingewöhnen, wenn sie Eier und Junge im Nest hätten. Das mag zutreffen, aber oft schon sind Eier und Junge im Stich gelassen worden. Immer wieder konnte ich feststellen, daß Tauben sich nicht weit vom Schlag entfernen oder sich nur kurze Zeit in der Luft aufhalten, wenn der Täuber seine Täubin zu Neste treibt. In diesem Zustand werden sie wohl nur den Nestbau und die damit verbundenen Freuden im Kopf haben.

Zu welcher Tageszeit und bei welchem Wetter Tauben freigelassen werden sollen, ist ebenfalls verschieden. Wenn sie die Umgegend genügend kennengelernt haben, dürfte die Tageszeit wenig ausschlaggebend sein. Wenn der Ausflug frühmorgens beim Hellwerden geöffnet wird, haben die Tiere den ganzen Tag über Zeit, sich an die Freiheit zu gewöhnen. Wer sie erst gegen Abend freiläßt, wie oft empfohlen wird, läuft Gefahr, daß die Tauben trotzdem in die Luft steigen und von der Dunkelheit überrascht werden. In diesem Fall werden bestimmt die ersten Verluste eintreten. Dagegen wird sich ein schwacher Regen nicht ungünstig auswirken. Leichter Regen wird von den Tauben als eine Wohltat empfunden. Und wenn ihr Gefieder genügend durchfeuchtet ist, vergeht ihnen die Lust, in die Lüfte zu steigen. Auf keinen Fall dürfen Tauben bei nebligem Wetter erstmalig freigelassen werden. Klare Sicht muß gegeben sein, Sonnenschein ist nicht erforderlich, ja, es hat sich gezeigt, daß grelles, blendendes Sonnenlicht die Tauben offenbar irritiert. Auch sollten die Tiere vor dem Freilassen nur wenig gefüttert werden. Etwas Hunger zieht die Tauben ebenfalls in den Schlag zurück.

Das Binden oder Nähen von Schwingenfedern zum Zwecke des leichteren Eingewöhnens empfinde ich als Tierquälerei. Nicht selten fällt dabei ein Tier auf den Erdboden und wird eine Beute der Katzen oder, wenn es noch ein wenig fliegen kann, flattert es auf andere Gebäude. Falls es hier nicht entdeckt wird, geht es qualvoll zugrunde. Warnen möchte ich auch jeden Züchter, Tieren, die in einer Voliere groß geworden sind, Freiflug zu gewähren. Schwere Rassen, die nicht viel fliegen, landen schon nach einigen Metern auf dem Erdboden. Bei fluggewandten Rassen gestaltet sich der erste ungewohnte Höhenflug zu einem Drama. Die Tiere müssen sich in der Luft unglücklich fühlen. Sie haben anscheinend Angst, sich zu setzen. Sobald sie den Schlag anfliegen, halten sie einige Meter über dem Dach im Flug inne, flattern kurze Zeit und steigen wieder hoch. So geht es den ganzen lieben Tag, bis sie schließlich vor Ermattung irgendwo niederfallen. Wenn sie dabei den eigenen Schlag wiederfinden, hat der Besitzer Glück gehabt.

Tauben gewöhnen sich sehr leicht an ihren Pfleger. Verschiedene Kröpferrassen sind sehr zahm. Sie wollen von ihrem Pfleger angesprochen werden und sich mit ihm unterhalten. Für einen Laien ist es geradezu rührend, einer dieser Unterhaltungen beiwohnen zu können. Aber auch Tiere anderer Rassen können sehr zutraulich werden, wenn sich der Züchter mit ihnen intensiv beschäftigt. Die Tiere müssen das Empfinden haben, daß der Züchter zu ihnen gehört, also ein Schlaggenosse der Tauben ist. Wiederholt habe ich auf Schauen beobachtet, daß Tiere ihren Besitzer an der Stimme erkannten und entsprechend reagierten. Ich bin davon überzeugt, daß durch diese Behandlung das Eingewöhnen bedeutend erleichtert wird. Leider fehlt den meisten Züchtern die Zeit, sich täglich stundenlang mit seinen Tauben im Schlag zu unterhalten, sie daran zu gewöhnen, Leckerbissen aus seiner Hand zu picken und sich auf Kopf und Schultern zu setzen. Tauben können zu folgsamen Tieren erzogen werden.

Die Pflege der Tauben

Hat der Züchter seine Tauben eingewöhnt und hat er seine Freude an ihnen, wenn sie zur Brut schreiten, dann soll er nicht denken, seine Arbeit beschränke sich nunmehr auf die Verabreichung von Futter und Wasser. Wie jedes Haustier neben Futter und Tränke einer gewissen Pflege bedarf, so auch unsere Taube. Es gibt Schläge, die von ihren Insassen fluchtartig verlassen werden, sobald der Züchter den Schlag betritt. Selbst die Nester werden verlassen. Dies sind Zeichen, daß der Züchter sich wenig um seine Tauben kümmert.

Wie ich im vorhergehenden Abschnitt schon angeführt habe, gewöhnen sich Tauben sehr leicht an ihren Pfleger. Wenn von ihm wegen Zeitmangels auch nicht verlangt werden kann, seine Tauben handzahm zu machen, soll er sie jedoch so an sich gewöhnen, daß sie wenigstens den Schlag nicht verlassen, wenn er die Schlagtür öffnet. Um dies zu erreichen, soll der Züchter auf dem Schlag jede hastige Bewegung vermeiden, sondern sämtliche notwendigen Arbeiten mit der allergrößten Ruhe erledigen. Von dieser Ruhe soll allerdings sein Mundwerk ausgeschlossen bleiben; im Gegenteil, er soll ruhig zu seinen Tauben sprechen, damit sie sich an seine Stimme gewöhnen. Gleichzeitig soll er sie an seinen Lockpfiff gewöhnen. Durch diese Behandlung werden die Tauben sehr bald wissen, daß sie vom Menschen nichts zu befürchten haben. Sie gewöhnen sich dann auch sehr bald an die täglich zu verrichtenden Arbeiten, insbesondere an die Entfernung des Kotes.

Zur weiteren Pflege gehört in erster Linie die Bekämpfung des Ungeziefers. Man soll nicht glauben, auf einem neuangelegten Schlag niste sich vorläufig kein Ungeziefer ein. Weit gefehlt! Vom Gegenteil mußte ich mich vor einigen Jahren selbst überzeugen. Ich zimmerte mir aus nagelneuen Brettern einen kleinen Kükenstall. Er bekam seinen Platz unter Bäumen und Sträuchern im Garten, gut 30 m vom Hühnerauslauf entfernt. Hier waren seit Menschengedenken keine Hühner gelaufen. In den Stall kamen Eintagsküken, die in der Brutmaschine geschlüpft waren. Die Küken gediehen anfangs prächtig. Etwa 7 bis 8 Wochen später fiel mir auf, daß einige recht blaß im Gesicht waren. Auch waren sie nicht mehr so lebhaft wie bisher gewohnt. Ich vermutete irgendeine Krankheit. Am nächsten Morgen fand ich ein Tierchen in seinen letzten Zügen. Als ich es in die Hand nahm, wimmelte und kribbelte es, und auch meine Hand war voll von Milben. Bei genauer Kontrolle des Stalles fand ich in fast jeder Fuge der Wände dicke graue Schichten der Vogelmilbe. Ich habe den Stall sofort mit einer starken

Lösung nicht allein gespritzt, sondern auch stark ausgewaschen, so daß er für die nächste Zeit gegen dieses Ungeziefer sicher war. Wie das Zeug eingeschleppt wurde, blieb mir vorerst ein Rätsel. Es wurde gelöst, als ich einige Wochen später aus dem Kirschbaum, unter dem das Kükenhäuschen stand, eine junge Drossel heruntergeschossen und beobachtet hatte, daß eine nicht zu zählende Schar von Milben das tote Tier verließ. – Seitdem ich festgestellt habe, daß die Drossel ein arger Nesträuber ist, die in ihrem Revier keine Singvogelbrut hochkommen läßt, findet sie keine Gnade mehr bei mir. – Also können auch Spatzen, die sich vor dem Ausflug eines Schlages aufhalten, das Ungeziefer einschleppen. Wenn Tauben mit Spatzen auch körperlich nicht in Berührung kommen, so finden einzelne aus dem Gefieder der Spatzen gefallene Milben doch den Weg zu einer Taube oder in den Schlag.

Der Züchter sollte rechtzeitig vorbeugende Maßnahmen gegen Ungezieferbefall des Schlages treffen, bevor die Tauben selbst in ihrem Wohlbefinden gestört werden. Die heute angebotenen Ungezieferbekämpfungsmittel sind viel wirksamer und auch leichter anzuwenden als früher. Wenn im Zeitraum von einigen Wochen Wände, Decke, Nistzellen und Sitzplätze regelmäßig besprizt oder besprüht werden, wird einer Invasion weitgehend vorgebeugt. Da diese Mittel überwiegend DDT, einen Kontaktgiftstoff, enthalten, bleiben sie längere Zeit wirksam. Der Züchter muß allerdings die Lebensgewohnheiten der verschiedenen Ungezieferarten kennen, um die Bekämpfung erfolgreich zu gestalten.

Am häufigsten finden wir bei unserem Hausgeflügel die Rote Vogelmilbe. Sie werden von der Körperwärme ihrer Opfer angelockt, befallen diese vorwiegend nachts, bei starkem Befall des Schlages auch am Tag, und verlassen ihre Opfer erst, wenn sie gesättigt sind. Tagsüber ziehen sie sich in ihre Schlupfwinkel zurück. Als solche werden Ritzen und Spalten der Bretter und Einrichtungen des Schlages bevorzugt. In erster Linie finden sie Unterschlupf unter den Nistschalen und in der Nisteinlage. Die hier vorhandene Wärme begünstigt die Vermehrung dieses Schmarotzers. Wird gegen den Befall längere Zeit nichts unternommen, vermehrt sich die Milbe derartig, daß nicht nur nestjunge Tauben, sondern auch Alttiere völlig leergesaugt werden. Hat der Züchter bisher vom Milbenbefall nichts bemerkt, so steht er vor einem Rätsel, wenn er plötzlich tote Tauben vorfindet. Ist das Tier noch warm, dann wird er an ihm die Milben feststellen. Bereits erkaltete Kadaver werden von den Milben verlassen. Sind die verendeten Tiere auffallend blaß, kann auf Milbenbefall geschlossen werden. Bei näherer Untersuchung des Schlages wird der Züchter in den Schlupfwinkeln dicke graue

Beläge aus Milbenkot feststellen, in dem sich außer den Milben auch ihre Eier und Larven befinden.

Bei der Ausspritzung des Schlages kommt es darauf an, daß die Desinfektionslösung auch tief in die Schlupfwinkel gelangt. Da die Eier der Milben gegenüber der Lösung sehr widerstandsfähig sind, sollten nur Mittel mit lange anhaltender Wirkung verwendet werden, damit die geschlüpften Larven durch die Kontaktgifte ebenfalls sofort vernichtet werden. Vogelmilben vermehren sich sehr schnell, besonders an heißen Sommertagen. Je nach Außentemperatur schlüpfen die Larven bereits nach 3 bis 5 Tagen. Aus diesen entwickeln sich innerhalb von 36 Stunden die achtbeinigen Nymphen; sie wiederum erscheinen nach zweimaligem Häuten innerhalb von 3 Tagen als fortpflanzungsfähige Milben. Um einer Invasion vorzubeugen, empfiehlt es sich, den Schlag während der warmen Sommermonate in Zeitabständen von einigen Wochen wiederholt auszuspritzen. Beim Ausspritzen des Schlages weichen Alttiere den Strahlen aus. Im Nest liegende Jungtiere sind mit ihren Nistschalen vorher zu entfernen. Wenn die Zellenwände ergiebig besprüht werden, wird wohl kaum ein Schmarotzer die Nistschale erreichen.

In früheren Jahren, als die insektiziden Bekämpfungsmittel noch nicht entdeckt waren, gestaltete sich die Bekämpfung der Milben weit umständlicher. Im allgemeinen wurde der Kalkanstrich als Gegenmittel empfohlen. In den meisten Fällen wurde hiermit ein durchschlagender Erfolg nicht erzielt. Bessere Erfolge zeigte das Ausstäuben des Schlages mit Kalkstaub. Auf vielen Schlägen hingen damals mit Kalkstaub gefüllte Beutel. Bevor der Züchter seinen Schlag verließ, beklopfte er den Beutel ausgiebig mit einem Stock. Wenn er dabei seine Nase nicht mit dem Taschentuch schützte, bekamen nicht nur die Tauben das Niesen und nebenbei entzündete Augen, sondern auch er. – Ungefährlicher, aber auch unsauberer war das Ausstäuben von Asche, besonders von Asche der Braunkohlenbriketts. Die Asche wurde unter die Decke geworfen; der sich bildende Staub setzte sich in allen Ritzen ab und erstickte die Milben samt ihrer Brut. Immerhin war das Ausstäuben eine unsaubere Arbeit, die etwa eine Woche lang täglich wiederholt werden mußte, um eine genügende Staubschicht zu erreichen. Der Staub setzte sich nicht allein im Schlag ab, sondern auch auf dem Anzug des Züchters sowie in seinem Gesicht und in seinen Ohren fest. Ulkig sah er aus, wenn er vom Schlag kam. Und wer den Schaden hatte, brauchte für den Spott nicht zu sorgen!

Ein noch gefährlicherer Blutsauger als die Rote Vogelmilbe ist die Taubenzecke. Gegen sie war früher der Züchter machtlos. Da die Zecke ihre Schlupfwinkel nur während der Dunkelheit verläßt, ging der Züchter abends mit offenem Licht oder einer Taschenlampe in den Schlag zur Zeckenjagd. Es wurden sämtliche Nistzellen, Wände und Einrichtungen abgeleuchtet. Die Zecke bewegt sich während der Dunkelheit verhältnismäßig schnell. Gerät sie aber in den Lichtkegel, bleibt sie wie erstarrt auf der Stelle sitzen. Der Züchter sammelte sie dann in einem Ölnäpfchen. Später stellte die einschlägige Industrie Nistschalen her, die in der Mitte der Außenseite, vor dem Kot der Nestjungen geschützt, mit einer Rille versehen waren. Die Rillen wurden mit Öl gefüllt. Zecken und ihre Larven pflegen sich von der Nistzellendecke auf die Nester fallen zu lassen. Beim Verlassen des Nestes gerieten sie in die Ölrinne, aus der sie sich nicht mehr retten können. Öl verstopft, wie bei sämtlichen Hautschmarotzern, die Atmungsorgane. Leider hatten Zecken, besonders ihre Larven, ihr Zerstörungswerk bereits verrichtet, bevor sie in der Ölrinne landeten. Ausgewachsene Zecken benötigen 15 bis 45 Minuten zum Blutsaugen, ihre Larven dagegen 5 bis 10 Tage. Da ein nestjunges Tier nicht allein von einer einzigen Larve, sondern gleichzeitig von einem Rudel befallen wird, liegt es in den meisten Fällen am nächsten Morgen verendet im Nest. – Da die Larven auch erwachsene Tiere befallen, können beim Verkauf befallener Tiere andere Schläge verseucht werden.

Während des letzten Krieges habe ich Zecken in meinen Bestand eingeschleppt, ohne es zu ahnen. Aus Mitleid mit einem Züchter, der Soldat werden mußte und auch nicht mehr genügend Futter für seine Tiere hatte, nahm ich die an ihn ein Jahr vorher verkauften Tiere zurück. Nach geraumer Zeit erkrankten meine Nestjungen im Alter von 14 Tagen an starkem Durchfall. Dabei magerten sie sehr ab. Sie bettelten jämmerlich bei den Eltern um Futter, obwohl sie morgens volle, aber harte Kröpfe hatten. Sobald ich ihnen Wasser einflößte, beruhigten sie sich sofort. Sie hatten also starken Durst. Ich ließ Tiere wiederholt untersuchen. Jedesmal derselbe Befund: Hochgradige Darmentzündung, Krankheitserreger wurden nicht festgestellt. Ich ließ den Darminhalt auf Giftstoffe untersuchen. Auch die wurden nicht festgestellt. Als ich im Oktober 1943 in Hannover ausgebombt wurde, kam ich mit meinen Tauben zurück in meine Heimat. Schon die erste Brut im Frühjahr 1944 zeigte dieselben Erscheinungen wie in Hannover. Ich verabreichte gegen den Durchfall Holzkohle, ebenfalls ohne Erfolg. Um den flüssigen Kot zwecks besserer Reinigung zu binden, bestreute ich die Zellenböden etwa 10 cm dick mit gemahlenem Branntkalk. Am nächsten Morgen saßen die Jungen ruhig im Nest und hatten ihren Kropfinhalt verdaut. Nach einigen Tagen war der Kot normal. Nun glaubte ich, ein Mittel gegen die angebliche Krankheit gefunden zu haben. Als keine Krankheitserscheinungen mehr auftraten, hörte ich mit dem unbequemen Kalkstreuen auf. Schon nach wenigen Tagen war die Krankheit wieder da. Ich mußte also weiterstreuen, bis nach drei Jahren ein Vertreter im Dorf auftauchte, der Bekämpfungsmittel gegen Hühnermilben verkaufen wollte. Er untersuchte die Hühnerställe auf Milben und hatte auch reichlich gefunden. Nur in meinem Hühnerstall suchte er vergeblich. Ich hatte ihn regelmäßig mit Kalk ausgestäubt. Er schnüffelte auch in meinem Taubenschlag herum und meinte zuletzt: „Milben haben Sie nicht, aber Zecken." Er zeigte mir einige unter der Lupe. Da habe ich erst Zecken kennengelernt. Zum Glück kamen zur gleichen Zeit die ersten insektiziden Bekämpfungsmittel auf den Markt. Hierdurch bin ich schließlich der Zeckenplage Herr geworden. Ich muß aber bemerken, daß die zuerst auf den Markt gekommenen Mittel nicht die Dauerwirkung hatten wie die heutigen. Fliegen wurden bereits nach einigen Generationen gegen die Mittel immun, ebenso die Zecken. Ich habe sie trotzdem abgewehrt. Mit einer Lötlampe wurden die Nistzellen sowie Risse und Fugen regelmäßig abgeflammt. Zusätzlich bin ich dazu übergegangen, Wände, Decken und Böden der Nistzellen dick mit Abfallöl, das in jeder Kraftfahrzeugwerkstatt umsonst zu haben ist, zu bestreichen. Um zu verhindern, daß die Tauben mit ölverschmierten Füßen die Eier in den Nistschalen einfetten, habe ich die Zellenböden mit zurechtgeschnittenen Sperrholzplatten ausgelegt. Da Zecken sowie Milben sich gern unter Auflagen verkriechen, wird die Wirkung durch die aufgelegten Platten nicht vermindert.

 Einflechten möchte ich hier die Ursachen der Nebenerscheinungen beim Zeckenbefall, obwohl dies nicht zum Thema dieses Absatzes gehört. Mir wurde später bestätigt, daß bei Zeckenbefall bei den Nestjungen starker Durchfall hervorgerufen würde. Es wurde angenommen, daß die Darmentzündungen durch Giftstoffe entstehen, die mit dem Stich der Zecke in den Taubenkörper gelangen. Wenn diese Vermutung zutreffen würde, müßte der Durchfall auch bei ausgewachsenen Tieren in Erscheinung treten, denn auch diese werden von der Zecke befallen. Ich habe bei meinen ausgewachsenen Tieren keinen Durchfall festgestellt. Auch die Jungtiere, die sich wieder erholt hatten, setzten normalen Kot ab. Ich nehme daher an, daß durch den Biß oder Stich der Zecken die Jungen im Nest unruhig werden, weil die Stiche schmerzhaft sind. Die Jungtiere klettern daher auf oder an den Rand der Nistschale. Hierdurch verlieren sie die notwendige Nestwärme. Durch den

Blutentzug geht ebenfalls die Körperwärme zurück. Beide Faktoren führen zur Erkältung, die zur Darmentzündung führt. – Durch den Blutentzug entsteht ein starker Durst. Zur Erzeugung von neuem Blut benötigt der Körper Flüssigkeit. Diese entzieht er dem Kropf; daher die nicht genügend aufgeweichten Körner im Kropf der jungen Tauben. Die Verdauung wird unterbrochen; daher die Abmagerung der Tiere. – Durch den laufenden Blutverlust besitzt der Körper nicht mehr genügend Aufbaustoffe; daher die Knochenweiche, die dazu führt, daß das Brustbein durch den Rand der Nistschale eingedrückt wird. Das ist meine Annahme. Ich will durchaus nicht behaupten, daß sie zutrifft, und lasse mich gern belehren. Die Zeckenplage ist die scheußlichste aller Plagen in der Taubenzucht. Darum ist ihre Abwehr die Hauptaufgabe in der Pflege der Tauben.

Neben der Abwehr des Ungeziefers bedarf die Taube noch weiterer Pflege. Die Sauberhaltung des Schlages ist eine Arbeit, die dem Züchter Freude bereiten sollte. Ein saubergehaltener Schlag ist für die Tauben gesünder als einer, in dem sich der Kot häuft. Neben der Luftverpestung durch angehäuften Kot sind es Krankheitskeime, die hier einen günstigen Nährboden finden, sowie die Larven verschiedener Schadinsekten, besonders aber die der Fliegen. Die Entfernung des sich wochenlang angehäuften Kotes kann eher als ein Ausmisten als eine Reinigung bezeichnet werden. Soweit sollte es ein Züchter nicht kommen lassen. Tägliche Reinigung des Schlages ist für den Züchter leichter und bequemer. In einem sauberen Schlag hält sich auch der Züchter gerne länger auf als in einem verdreckten. Und wenn er sich an die regelmäßige Arbeit gewöhnt hat, wird sie ihm auch Freude bereiten.

Mit in die Reinigung einbeziehen wird er auch die Nistzellen. Sobald Junge im Nest liegen, wird er bald feststellen, daß sich um die Nistschale herum ein Kranz aus festem Kot gebildet hat. Auch dieser Kot soll täglich entfernt werden, bevor er in Gärung übergeht und „riecht".

Zu ihrem Wohlbefinden benötigt die Taube von Zeit zu Zeit ein Wasserbad. Ein Staubbad, wie Hühner und Spatzen es lieben, kennt die Taube nicht. Im allgemeinen wird ein Bad im Sommer zweimal in der Woche genommen, im Winter weniger. Man sieht es am Verhalten der Tauben, wenn sie ein Bad benötigen. Sie liegen um die Tränke herum, stecken ihren Schnabel in das Wasser und versuchen, ihr Gefieder zu benetzen. Heute werden im Fachhandel praktische Taubenbadewannen angeboten. Früher benutzte man ausgediente, große Waschschüsseln. Seit Jahrzehnten erfüllt bei mir eine alte Holzmolle, wie sie bei Hausschlachtungen zum „Wurstmachen" benutzt werden, diesen Zweck.

Oft wird empfohlen, dem Badewasser ein Ungezieferbekämpfungsmittel zuzusetzen, besonders dann, wenn die Tauben von Federlingen befallen sind. Sicher ist dieser Rat wohlgemeint, aber meine Tauben sind nie in die Molle gestiegen, wenn ich auch nur eine ganz schwache Lösung zugesetzt hatte. Ob nur meine Tauben die Gewohnheit haben, vor dem Baden vom Wasser zu nippen und vom Bad Abstand zu nehmen, wenn ihnen der Geschmack nicht zusagt, entzieht sich leider meiner Kenntnis.

Leichte, fluggewandte Tauben sind unmittelbar nach dem Baden sofort flugfähig, schwerere Rassen leider nicht immer. Unmittelbar nach dem Bad flattert jede Taube mit den Flügeln, um das Wasser loszuwerden. Anschließend legt sie sich auf den Boden, möglichst in die Sonnenstrahlen, und ruht hier, bis ihr Gefieder einigermaßen trocken ist. Wird das Bad im Freien verabreicht, sollten die Tauben so lange unter Aufsicht bleiben, bis sie wieder flugfähig sind. Schon manches Tier ist in diesem Zustand eine Beute von Katzen geworden.

Nach dem Baden ist das Wasser in der Regel trüb und undurchsichtig; oft auch finden wir in ihm noch einige Kotballen. Trotz der Verschmutzung kommt es vor, daß einige Tauben von dem Wasser trinken. Das Wasser sollte daher sofort nach dem Baden entfernt werden. Interessant ist es, zu beobachten, wie noch nicht flügge Jungtiere auf ein Bad erpicht sind und sich im Wasser wie die Alttiere benehmen.

Daß die Tauben auch bei strengster Kälte ein Bad nicht verschmähen, habe ich bei meinen Tieren selbst erlebt. In der kältesten Frostperiode, die ich je erlebt habe, im Januar/Februar 1929, warf ich meinen Tauben an einem Sonntagnachmittag, als das Thermometer 29 Grad unter Null anzeigte, die Futterration auf den Hof und setzte eine Schüssel mit angewärmtem Trinkwasser daneben. Wegen der Kälte lief ich sofort wieder in die warme Wohnung. Nach knapp einer Viertelstunde ging ich wieder nach draußen, um die Schüssel hereinzuholen. Da lagen zu meinem Erschrecken sämtliche Tiere, 10 an der Zahl, zu unbeweglichen Eisklumpen erstarrt, auf dem Erdboden herum. Sie hatten trotz der Kälte im Trinkwasser gebadet. Schnell eingesammelt, wurden sie in der Küche unter den Herd gelegt. Nun erst begann die Arbeit. Das aufgetaute Eis mußte laufend aufgewischt werden. Als das Eis längst aufgetaut war, blieb die ganze Gesellschaft regungslos liegen. Aber sie lebten! Das sah ich an ihren Augen, die sich ab und zu bewegten. Nachher habe ich die Tiere in Körbe gesetzt, die ich neben den Herd stellte. Die ganze Nacht über haben wir den Herd geheizt. Erst am Montagabend konnten sie wieder in den Schlag gesetzt werden. Nur eine Täubin hat dieses Malheur nicht überstanden. Eine Woche später war sie tot. Erlebnisse dieser Art vergißt man im Leben nicht mehr.

Fütterung der Alt- und Jungtiere

Das Futter sollte regelmäßig verabreicht werden. Vor allen Dingen muß das Futtergetreide völlig einwandfrei und sauber sein. Muffig riechendes und von Schimmelpilzen befallenes Futter ist schweres Gift für unsere Tauben. Während der Brutzeit ist eine zweimalige Fütterung erforderlich. Die erste frühmorgens, die zweite gegen Abend, doch mindestens zwei Stunden vor Eintritt der Dämmerung, damit die Zuchttiere Zeit haben, ihre Jungen genügend zu versorgen. Wer seine Tauben beobachtet, wird feststellen, daß die Alttiere sofort nach ihrer Futteraufnahme ihre Jungen im Nest versorgen, anschließend den Schlag verlassen, draußen auf dem Erdboden herumpicken und erst nach geraumer Zeit das Nest aufsuchen, um die Jungen nochmals zu füttern.

Grundfalsch ist es, den Tauben zu viel Futter zu verabreichen. Wie oft sieht man Futterreste in den Futtertrögen oder auf dem Fußboden des Schlages herumliegen! In solchen Fällen sind die Tauben überfüttert. Die Folgen einer längeren Überfütterung sind schlechte Brutresultate. Die heranwachsenden Nestjungen werden von ihren Eltern nicht genügend versorgt, weil diese kein Hungergefühl kennen. Nur eine hungrig gehaltene Taube wird ihre Jungen ausreichend versorgen. Bei länger anhaltender Überfütterung verfetten die Zuchttiere. Die Eier verfetteter Täubinnen sind entweder unbefruchtet oder sie bringen keine lebensfähigen Jungen. Wenn die Jungen nicht schon während der Brutzeit im Ei absterben, haben sie beim Schlüpfen den Dottersack noch nicht eingesogen und liegen nach wenigen Stunden tot im Nest. Bei stark verfetteten Tieren entwickelt sich eine Art „Freßsucht", besonders bei schwereren Rassen, die wenig Flugvermögen besitzen. Die Tiere, sowohl Täuber als auch Täubin, zeigen zuletzt überhaupt keine Brutlust mehr; sie sind auch zur Fortpflanzung nicht mehr fähig. Sie liegen in der Hand wie Bleiklumpen und ringen mit aufgesperrtem Schnabel nach Luft. Diese Tiere leben sehr gefahrvoll. Bei der geringsten Anstrengung oder Aufregung verenden sie an einem Schlaganfall. Bei der Sektion wird in den meisten Fällen ein Riß im Herzmuskel oder in der Leber festgestellt. Selten werden sie nach einer Entfettungskur wieder zuchtfähig, weil ihre Geschlechtsorgane verkümmert sind.

Tauben in bester Zuchtverfassung umflattern den Züchter wie wild, wenn er zur gewohnten Zeit mit dem Futter erscheint. Der Züchter soll sich die täglichen Rationen merken. Er bekommt einen ungefähren Anhaltspunkt durch das Verhalten der Tiere bei der Fütterung.

Im allgemeinen wird empfohlen, kein Futter mehr zu geben, sobald die ersten Tiere zum Trinkgefäß laufen, um ihren Durst zu stillen. Das ist nicht in jedem Falle richtig. Es mag während der Wintermonate zutreffen, wenn der Zuchtbetrieb ruht. Während der Zuchtzeit jedoch ist das Verhalten der einzelnen Tauben bei der Fütterung ganz verschieden. Bei genauer Beobachtung wird der Züchter feststellen, daß die Tiere, die brüten, die ersten sind, die zum Trinkgefäß laufen und das Nest möglichst schnell wieder aufsuchen. Während dieser Zeit haben aber die Tiere, die Nestjunge zu versorgen haben, noch nicht genügend Futter aufgenommen. Erst wenn diese Tiere getrunken haben und ihre Jungen füttern, sollte kein Futter mehr gegeben werden. Wenn die Elterntiere ihre Nestjungen versorgt haben, werden sie, falls der Züchter noch anwesend ist, um weiteres Futter betteln oder im Futtertrog noch vorhandene Reste verzehren. In diesen Fällen noch zusätzlich Futter zu verabreichen, ist nicht angebracht, denn Tauben versorgen ihre Jungen am besten, wenn sie immer etwas hungrig gehalten werden.

Bei jeder Mahlzeit muß das gesamte Futter restlos verzehrt werden. Im allgemeinen werden je nach Größe der Rasse etwa 25 bis 45 g pro Tag und Tier benötigt. Dabei wird der Züchter bald feststellen – vorausgesetzt, daß er immer aus der Hand füttert –, daß der Futterverbrauch je nach der Außentemperatur etwas schwankt. Bei großer Hitze wird weniger verzehrt, bei starker Kälte mehr. Dauerndes Standfutter, das für einige Tage reichen soll, hat sich in der Taubenzucht nicht bewährt. Ist der Züchter aus beruflichen Gründen nicht in der Lage, seine Tauben während der Brutzeit täglich zweimal zu füttern, soll er ihnen die Tagesration frühmorgens auf den Schlag stellen. Innerhalb eines Schlages sollte das Futter möglichst in den handelsüblichen Futtertrögen verabreicht werden. Nur bei peinlichster Sauberkeit läßt es sich verantworten, das Futter auf den Fußboden zu streuen. Trotzdem ist nicht zu vermeiden, daß dabei Wurmbrut und Krankheitserreger, die immune Tiere durch den Kot ausscheiden, mit aufgenommen werden.

Bei Freiflug können die Tauben an die Fütterung im Freien gewöhnt werden. Hier kann das Futter breitwürfig ausgestreut werden, denn eine Ansteckungsgefahr dürfte kaum vorhanden sein. Sonne und Regen töten Krankheitskeime ab oder schwemmen sie in den Erdboden. Die Fütterung im Freien ist vielen Menschen eine Augenweide.

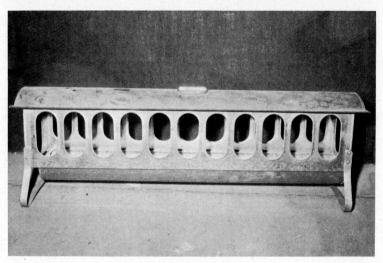

Ein zweckmäßiges Futtergefäß.

Nach der Futteraufnahme nimmt jede Taube Wasser auf. Das Trinkwasser muß daher bei jeder Fütterung bereitstehen. Die heute beliebten automatischen Tränken garantieren einigermaßen die Sauberkeit des Trinkwassers. Doch ist es nicht selten, daß ein Tier seinen Kot ausgerechnet durch eine Öffnung der Tränke in das Wasser bugsiert. Der Züchter sollte sich daher nicht verleiten lassen, das Wasser mehrere Tage in der Tränke zu belassen und erst dann zu erneuern, wenn es restlos verbraucht ist. Das Trinkwasser sollte nicht eiskalt, auch nicht lauwarm, sondern etwas abgestanden sein und bei jeder Mahlzeit erneuert werden. Dadurch gedeihen die Nestjungen bedeutend besser. Trinkwasser verdirbt sehr schnell. Schon nach einem Tag ist es für den Menschen ungenießbar. Nur notgedrungen wird es in diesem Zustand von Tieren aufgenommen. Auch entwickeln sich in ihm allerlei Bakterien. Der Züchter wird bald feststellen, daß sich im Untersatz der Tränke am Boden und seitlich eine Schleimschicht absetzt, die durch beim Trinken abgesonderten Speichel entsteht. Ist diese Schicht farblos und wasserklar, kann man sie wegwaschen. War sie jedoch grün – im Schlage kaum, doch im Freien fast immer –, habe ich den Belag nie entfernt. Er besteht aus Algen, die bekanntlich Bakterienverzehrer sind. Nachteilige Folgen konnte ich bei meinen Tieren nicht feststellen.

Abweichend von der Fütterung der alten Zuchttiere ist die der Jungtiere. Im Gegensatz zu anderem Hausgeflügel werden junge Tauben bis zu ihrem Selbständigwerden im Alter von etwa vier bis fünf Wochen von ihren Eltern versorgt. Das Gelege der Tauben besteht bekanntlich nur aus zwei Eiern. Die Jungen schlüpfen nach einer Brutzeit von 18 Tagen. Es kommt nun darauf an, daß beide Junge zugleich, höchstens aber im Abstand von einigen Stunden schlüpfen. Ihr erstes Ei legt die Täubin nachmittags in der Zeit von etwa 16 bis 17 Uhr, das zweite Ei folgt erst am übernächsten Tag, etwa zwischen 13 bis 14 Uhr. Somit besteht zwischen dem Legen der beiden Eier ein Zeitraum von 45 Stunden. Normalerweise wird das zuerst gelegte Ei von der Täubin nicht sofort bebrütet. Sie stellt sich mit gesträubten Bauchfedern nur schützend über das Ei. Die eigentliche Brut beginnt erst mit dem Legen des zweiten Eies. Das ist der normale Vorgang. In diesem Falle schlüpfen beide Jungen gleichzeitig. Es gibt aber Täubinnen, besonders wenn sie jung und unerfahren sind, die das erste Ei sofort bebrüten, so daß das Junge aus dem ersten Ei bereits fast zwei Tage alt ist, wenn das Junge aus dem zweiten Ei schlüpft. Dieser Unterschied wird dem zweiten Jungtier zum Verhängnis. Junge Tauben wachsen in ihrer ersten Lebenswoche sehr rapide. Mit jedem Tag verdoppeln sie ihr Gewicht. So besitzt das zuerst geschlüpfte Tier bereits das Vierfache seines Anfangsgewichtes, wenn das zweite schlüpft. Letzteres ist gegenüber dem ersteren nur ein winziges Häufchen. Beim Füttern durch die Alten wird es von dem weit stärkeren älteren Tier verdrängt. Es erhält nicht genügend Nahrung und bleibt daher im Wachstum erheblich zurück; nicht selten verhungert es. Doch auch wenn es am Leben bleibt, bleibt es ein Kümmerling.

Nicht selten behalten Täubinnen die widernatürliche Eigenschaft bei, das zuerst gelegte Ei sofort zu bebrüten. Diesem Mißstand kann der Züchter vorbeugen, indem er das erste Ei durch ein Gipsei ersetzt, es frostfrei aufbewahrt und es am Morgen des übernächsten Tages der Täubin wieder unterschiebt. Auf keinen Fall soll mit dem Unterschieben des ersten Eies gewartet werden, bis das zweite gelegt ist. Bis zur Erwärmung des Eies auf Bruttemperatur vergehen immerhin einige Stunden, so daß das Junge aus dem ersten Ei benachteiligt werden könnte. Sind mehrere Zuchtpaare vorhanden, deren Eier etwa um dieselbe Zeit geschlüpft sind, lassen sich die Jungen ihrer Größe entsprechend umlegen.

Junge Tauben werden bis zum Alter von acht bis zehn Tagen von ihren Eltern nicht mit Körnern, sondern mit der sog. Taubenmilch versorgt. Es handelt sich um eine breiige Masse, die von Drüsen der Kropfschleimhaut ausgeschieden wird. Dieser Brei entwickelt sich im Kropf der Täubin und auch des Täubers vom 16. Tag der Brut an. Es hat also keinen Zweck, Eier unterzuschieben, die bereits eine Woche lang bebrütet wurden. Die Jungen würden schlüpfen, bevor bei den Alten der Futterbrei sich gebildet hätte. Sie müßten verhungern. Umgekehrt wäre es zwecklos, einem Paar, das schon mehrere Tage brütet hat, die Eier wegzunehmen und durch frisch gelegte zu ersetzen. Selten bleibt eine Täubin nach Ablauf der Brutzeit noch länger auf dem Nest als einen, höchstens zwei Tage. Die Eier würden erkalten, die Jungen absterben.

Eine Nestkontrolle während des Schlüpfens ist eigentlich nicht erforderlich, höchstens daß eine leere Eischale entfernt wird, die sich vielleicht über das noch nicht geschlüpfte Ei schieben könnte. In der Regel trägt das brütende Tier die leere Eischale kurz nach dem Schlupf aus dem Nest. Es gibt in dieser Beziehung auch übereifrige Tiere, die den Schlupf nicht abwarten, sondern die Eischale schon hinausbefördern, wenn das Junge noch nicht ganz geschlüpft ist oder es noch an der Eischale klebt. In diesem Fall finden wir das Junge auf dem Boden des Schlages liegend, völlig erkaltet oder erstarrt. Selten atmet es noch schwach. In beiden Fällen soll noch versucht werden, das Tierchen zu retten. Unter das brütende Tier zurückgelegt, wird es in einigen Stunden wohlauf sein, sofern noch Leben in ihm steckte.

Die jungen Tiere müssen am zweiten Tag gefüllte Kröpfe haben. Wenn nicht, sind sie nicht gesund oder zu geschwächt. Die Alttiere füttern nach dem Schlupf nur, wenn die Jungen unter der Brust des brütenden Tieres zum Vorschein kommen, ihr Köpfchen erheben und den Schnabel nach oben richten. Unterbleiben diese Bewegungen und werden die Köpfchen nicht aufgerichtet, wenn man sie mit dem Finger berührt, dann sind die Tierchen in den meisten Fällen verloren. Und fast immer befinden sich dann die Elterntiere nicht in der richtigen Zuchtverfassung, wenn ihre Jungen nicht lebensfähig sind. Jungen Tauben im Alter von 1 bis 2 Tagen einen Ersatzbrei einzuflößen, wird der Mühe nicht wert sein. Man könnte schließlich ein frisches Taubenei verrühren und dem Jungen in angewärmtem Zustand mit einer Augenpipette einträufeln. Ein durchschlagender Erfolg ist trotzdem nicht zu erwarten.

Wachsen die Jungen in der ersten Lebenswoche gleichmäßig heran und haben sie immer volle Kröpfe, durch deren zarte Haut der Futterbrei gelb hindurchschimmert, dann ist alles in Ordnung. Hat ihre Haut einen fettigen Glanz und strömt ihr Körper einen angenehmen Duft aus, so sind die Tiere gesund. Erscheint die Haut rauh und glanzlos, so sind die Tiere nicht gesund oder sie werden schon von Läusen geplagt. In letzterem Falle bringen ein oder zwei Tropfen Speiseöl oder auch Lebertran, auf Kopf und unter den Flügeln verrieben, Abhilfe. In der ersten Woche wird die Reinigung der Nistschale selten erforderlich sein. Müssen die Nistschalen doch ausgewechselt werden, dann wird die Ersatzschale mit einer dicken Schicht Stroh oder Heu ausgepolstert. Auf keinen Fall dürfen die Jungen auf den kalten Boden der Schale gelegt werden, auch wenn die Alttiere die Jungen sofort bedecken würden. Bevor die Schale durchwärmt ist, haben sich die Jungen eine Erkältung zugezogen.

Im Alter von etwa 8 bis 10 Tagen wird die Taubenmilch im Kropf der Elterntiere allmählich zurückgebildet. Gleichzeitig wird mit der Körnerfütterung begonnen. Von diesem Zeitpunkt an ist zu kontrollieren, ob die Jungen auch ausreichend versorgt werden. Die Kröpfe müssen gut gefüllt sein; sie müssen sich weich anfühlen, so daß man das Futter im Kropf von außen hin- und herschieben kann. Sind die Kröpfe hart und prall, dann haben die Jungen bei der Fütterung nicht genügend Wasser erhalten. Nicht selten liegen sie am nächsten Morgen mit vollem Kropf tot im Nest. Sie sind verdurstet. Werden die Jungen also zu trocken gefüttert, dann muß ihnen Wasser zusätzlich zugeführt werden. Hierzu eignet sich am besten eine kleine Gummispritze, die in jeder Apotheke oder Drogerie zu haben ist. Der Vorteil dieser Spritzen besteht darin, daß ihre Spitze ebenfalls aus Gummi besteht, daß also beim Einführen keine Rachen- oder Schlundverletzungen entstehen können.

Die Hauptsache ist, daß die Spitze über den Schlund hinweg möglichst tief in den Kropf geschoben wird. Es bedarf hierbei einer gewissen Übung, denn freiwillig wird das unerfahrene Jungtier seinen Schnabel nicht aufsperren. Man setzt das Tier vor sich hin, vielleicht auf den Boden der geöffneten Nistzelle, legt einen Sack als Unterlage (man kann auch ein Stück Styropor nehmen) auf den Zellenboden, damit das Tier sich mit den Krallen festhalten kann, umfaßt es mit der linken Hand, öffnet mit Daumen und Zeigefinger der linken Hand den Schnabel und hält ihn offen. Nunmehr wird mit der rechten Hand die Spitze tief in den Kropf eingeführt. Unter leichtem Druck auf den Ballon wird die Spritze allmählich entleert. Unter zu starkem Druck auf den Ballon verteilt sich das Wasser nicht schnell genug im Kropf. Es steigt hoch, fließt aus dem Schnabel nach außen, und ein Teil dringt dabei in die Luftröhre. Nach der Wasseraufnahme wird sich der Kropf sofort weich anfühlen. Ausdrücklich möchte ich aber betonen, daß das einzuführende Wasser körperwarm sein muß. In den meisten Fällen ist die Ursache des harten Kropfes eine einseitige Fütterung mit großen Körnern, z. B. Bohnen, Erbsen und Mais. Sie benötigen zum Erweichen weit mehr Wasser als gemischtes Futter und auch mehr Zeit. Da die Alten kurze Zeit nach der Futteraufnahme die Jungen versorgen, sind die Körner noch nicht aufgeweicht und die mit den Körnern zugleich zugeführte Wassermenge ist zu gering, die eingeführten Körner vollends zu erweichen. Ob es nun an den Elterntieren liegt, die wirklich zu trocken füttern, oder ob große, harte Körner den harten Kropf der Jungtauben verursachen, wird der Züchter bei genauer Beobachtung bald feststellen. Vielleicht liegt es auch an zu altem Trinkwasser, das die Elterntiere nur mit Widerwillen aufnehmen.

Sobald die Jungen mit Körnern versorgt werden, wird der Kot fester, und mit jedem Tag wird die Portion größer. Die Beschaffenheit des Kotes gibt Aufschluß über den Gesundheitszustand der Tiere. Der Kot soll nicht hart und krümelig, auf keinen Fall aber dünnflüssig sein. Der Kot eines gesunden Tieres ist weich, aber geballt. Auf der Oberfläche der Kotballen befindet sich eine weiße Masse, der Urin, der mit dem Kot gleichzeitig ausgeschieden wird. Besteht der Kot aus einer kalkigen, schleimigen Masse, liegt eine schwere Erkrankung des Tieres vor. In vielen Fällen sieht man es den Tieren schon an, wenn sie krank sind. Dünnflüssiger und schleimiger Kot wird oft innerhalb der Nistschale abgesetzt. Die Tiere haben eben keine Zeit, ihr Hinterteil über den Rand der Nistschale zu schieben. Es ist eine zeitraubende Arbeit, die Nistschale dauernd trockenzuhalten. Da die Tauben ständig feucht liegen, sind sie bald erkältet und bleiben, falls sie nicht eingehen, im Wachstum zurück. Der Kot gesunder Tiere wird über den Rand der Nistschale nach außen gedrückt und häuft sich zu einem schön abgezirkelten Kranz rund um die Schale.

In normalen Fällen schreiten die Elterntiere schon zur nächsten Brut, bevor die Jungen selbständig geworden sind. Sobald die Täubin gelegt hat, werden die Jungen nur vom Täuber versorgt. Nur in seltenen Fällen füttert eine Täubin ihre Jungen weiter. Bis zum Schlüpfen des nächsten Geleges werden die Jungen selbständig sein. Sobald die Jungen auf ihren Beinen stehen können, sind sie fähig, Körner aufzupicken. Junge Tauben, deren Nistzellen sich direkt auf dem Fußboden des Schlages befinden, kommen, wenn sie eben laufen können, an den Futtertrog der Alttiere und lernen verhältnismäßig früh die Futteraufnahme. Die in den oberen Regalen der Nistzellen heranwachsenden Tiere bleiben in dieser Beziehung um etwa 14 Tage zurück. Sie erlernen aber zum gleichen Zeitpunkt die Futteraufnahme, wenn man ihnen in ihren Nistzellen je ein Näpfchen mit Futter und Wasser vorsetzt. Manche Züchter füttern ihre Tiere während der Zuchtzeit nur in den Zellen, um die Jungtiere möglichst früh an die Futteraufnahme zu gewöhnen. Die Zellenfütterung ist in dieser Beziehung von Vorteil. Als

Nachteil empfinde ich die vermehrte Arbeit bei einem größeren Bestand. So muß jede Nistzelle mit Futter und Wasser versorgt und für jede Zelle das Futter abgemessen und abgewogen werden. Wer über die nötige Zeit verfügt, mag sich gern dieser Mühe unterziehen. Sie lohnt sich.

Sind die Jungtiere imstande, selbständig Futter und Wasser aufzunehmen, so werden sie nebenbei doch noch weiter von ihrem Vater versorgt. Ihr Futterbedarf wird jedoch größer. Sie empfinden das Gefüttertwerden bequemer als die eigene Futteraufnahme. Daher laufen sie dauernd um Futter bettelnd hinter ihrem Vater her, statt sich am Futtertrog der Alten zu sättigen. Jetzt ist der rechte Zeitpunkt gekommen, die Tiere in den Jungtierschlag zu setzen. Hier werden sie sich, sobald sie Hunger spüren, schon ausreichend sättigen.

Die Jungtiere sind, bedingt durch die Ruhe im Nest, bis zu ihrem Flüggewerden fett und feist geworden. Ihr momentanes Übergewicht erschwert ihnen das Fliegen. Sie flattern wohl mit den Flügeln, fliegen auch auf den Sitzplatz oder in den Ausflug. Zu einem richtigen Flug entschließen sie sich noch nicht, weil er ihnen zu anstrengend ist. Hier hat die Natur eine weise Einrichtung geschaffen. Der aufmerksame Beobachter wird feststellen, daß die Tiere kurze Zeit nach dem Absetzen in ihrem Appetit merklich nachlassen und in wenigen Tagen leichter geworden sind. Dies ist durchaus kein krankhafter Zustand. Sobald die Fettpolster verschwunden sind, werden die Tiere lebhafter und flugfreudig. Gleichzeitig kehrt der Appetit wieder zurück und wird größer als je zuvor.

Es kommt nun darauf an, die Weiterentwicklung zu fördern. Schon einige Wochen nach dem Absetzen beginnt der schleichende Federwechsel, nicht die Herbstmauser, mit dem Abwerfen der 10. Handschwinge. Ein leerer Magen würde in dieser Zeit nicht nur die Federbildung, sondern auch die Weiterentwicklung des Körpers stören, denn voll ausgewachsen ist das Tier längst noch nicht. Aus diesem Grunde ist eine zweimalige Fütterung, wie bei den Zuchttieren üblich, nicht ausreichend. Abgesetzte Jungtiere sollten daher dreimal am Tage gefüttert werden. Zwischen der Morgen- und Abendfütterung wird noch eine etwa um die Mittagszeit eingeschoben. Abgesetzte Jungtiere sollen reichlich Futter bekommen, aber nicht überfüttert werden. Wenn nach den Mahlzeiten Futterreste zurückbleiben, ist dies ein Zeichen der Überfütterung. Die Rationen müssen dann etwas gekürzt werden. Morgens und mittags soll nur knapp gefüttert werden, damit die Tiere immer noch etwas Hunger verspüren. Dagegen soll die Abendration reichlich bemessen werden, damit sich die Tiere voll sättigen und während der Nachtstunden nicht zu lange mit leerem Magen sitzen müssen. Diese dreimalige Fütterung kann bis nach Abschluß der Herbstmauser beibehalten werden. Die Tiere sind dann in der Form und Feder vollentwickelt und können anschließend auf Winterfütterung gesetzt werden.

Es bleibt noch zu erwähnen, daß eben abgesetzte Jungtiere sich an den Jungtierschlag und seine Einrichtung gewöhnen müssen. Mitunter finden sie die Tränke nicht, besonders dann, wenn dieselbe anders gebaut ist als die auf dem Zuchtschlag. Sitzt ein Tier mit eingezogenem Kopf und geschlossenen Augen auf dem Schlag herum, dann hat es Durst. Man setze das Tier vor die Tränke und tauche den Schnabel mit der Spitze vorsichtig in das Wasser. Sobald das Tier das Wasser geschmeckt hat, wird es ausgiebig trinken, obwohl es noch mit der Hand gehalten wird. Nach kurzer Pause wird der Vorgang wiederholt. Auch jetzt wird das Tier wieder trinken. Nunmehr wird es aus der Hand gelassen. Mitunter bleibt es direkt vor der Tränke sitzen. Auf alle Fälle wird es sich aber die Wasserquelle merken. Wiederholen möchte ich noch, daß die Tiere getrennt werden müssen, sobald die Geschlechtsreife eintritt. Junge Täuber sind oft rabiater als alte.

Aus verschiedenen Anlässen ist der Züchter gezwungen, junge Tauben künstlich aufzuziehen, z. B. bei Verlust der Elterntiere oder bei futterfaulen Tieren. Von vornherein muß aber betont werden, daß die künstliche Aufzucht bei Jungen, die noch den natürlichen Futterbrei benötigen, die Arbeit nicht lohnt. Wohl kann und muß künstliche Wärme geboten werden. Nach Dr. Dr. Lühmann, Celle (Grünes Geflügel-Jahrbuch 1975), besteht die Kropfmilch der Tauben (getrocknet) zu 57 % aus Eiweißstoffen, zu 34 % aus Fett und zu etwa 6 % aus Mineralstoffen; kohlehydrathaltige Stoffe fehlen. Nach fünf bis sieben Tagen werden bereits vorgeweichte Körner, mitunter auch schon Pflanzengrün gefüttert. Ihr Anteil nimmt ständig zu und bildet nach etwa 18 Tagen die Gesamtnahrung der Jungtiere. Im gleichen Maße wird die Bildung von Kropfmilch reduziert.

Im Alter von etwa 7 Tagen, wenn die Alten anfangen, die Nestjungen mit Körnern zu füttern, ist dagegen die künstliche Aufzucht verhältnismäßig leicht. Die benötigten Körner müssen über Nacht in körperwarmem Wasser aufgeweicht werden. Sie sind auch körperwarm zu verabreichen. Das Aufweichen muß täglich vorgenommen werden. Wenn erweichtes Futter einige Tage steht, geht es in Gärung über. Wer schon einmal eine Schnapsbrennerei besichtigte, kann sich den Geruch vorstellen. In diesem Zustand ist das Futter schädlich. Die Handhabung der künstlichen Fütterung ist dieselbe, wie ich sie bei der künstlichen Wasserzufuhr beschrieben habe. Die erweichten Körner werden in den aufgesperrten Schnabel und dann mit sanftem Fingerdruck in den Rachen geschoben. Wenn die Körner nicht sofort hinunterrutschen, werden sie von außen vorsichtig in den Kropf massiert. Die jungen Täubchen gewöhnen sich sehr schnell an diese Methode. Schon bald sperren sie den Schnabel von selbst auf und schlucken die Körner hinunter. Wenn die Körner auch aufgeweicht sind, so soll der Kropf nicht total vollgestopft werden. Es muß in ihm noch genügend Platz für das Wasser vorhanden bleiben, das anschließend an die Fütterung gegeben werden muß. In kurzer Zeit lernen die Tiere auch das selbständige Trinken, wenn die Schnabelspitze in das vorgehaltene Wasser gesteckt wird. Das Wasser muß ebenfalls körperwarm sein.

Da das Stopfen mit großen Körnern schneller vonstatten geht, ist ein Gemisch von 2 Teilen Mais und 1 Teil Hülsenfrüchten, die zur Hälfte aus Erbsen und Bohnen bestehen, zu empfehlen. Bei kleinen, zarten Rassen können Bohnen durch Wicken ersetzt werden. Statt Mais kann auch Gerste genommen werden. Die Arbeit nimmt dann allerdings mehr Zeit in Anspruch. Auf keinen Fall darf der Anteil der Hülsenfrüchte ein Drittel der Gesamtmenge übersteigen, wenn die Tiere gesund bleiben sollen. Auch soll eine Überfütterung vermieden werden. Die Tiere sind nur zu füttern, wenn der Kropf restlos leer ist. Eine zweimalige Fütterung, je eine morgens und abends, genügt. Nehmen die Tiere keine Körner mehr an oder werden sie durch schnelle Kopfbewegungen aus dem Schnabel herausgeschleudert, dann haben die Tiere keinen Hunger; sie sind gar schon überfüttert und können auch schon krank sein, namentlich dann, wenn zu viele Hülsenfrüchte gegeben wurden. Eine Überfütterung mit Eiweiß macht besonders junge Tauben sehr schnell krank. Sobald die Tiere keinen Appetit mehr zeigen, sollte einen Tag lang mit der Morgenfütterung ausgesetzt werden. Falls Durst vorhanden ist, dürfen sie ihn stillen.

Mit der Hand aufgezogene Tauben können auch bei einwandfreier Fütterung den Appetit verlieren. Die Ursache sind fehlende lebensnotwendige Stoffe, die den Jungen bei natürlicher Aufzucht durch die Elterntiere zugeführt werden. Dies soll der Züchter schon bei Beginn der Handfütterung beachten, bevor es zu spät ist. Als tägliche Beigaben genügen bereits geringe Mengen. Eine Überdosierung wäre im Körper nur Ballast.

In erster Linie benötigen die jungen Tiere die zur Verdauung notwendigen Steinchen. Eine Prise Grit oder scharfer Sand, auf die feuchten

Körner gestreut, genügt vollauf. Ebenfalls ist eine ganz kleine Prise Kochsalz nicht schädlich. Auch etwas Futterkalk sollte nicht vergessen werden. Ein wenig Grünzeug im feingeschnittenen Zustand ist vorteilhaft, so besonders die vitaminreichen Gewächse, die auch Mineralstoffe enthalten. Zarte Blätter von Klee, Löwenzahn und Gartenkresse sowie die Vogelmiere und zarter Kopfsalat eignen sich hierzu besonders. Aber alles mit Maßen! Der Magen darf nicht überladen werden. Alle diese Stoffe lassen sich leicht zuführen, denn an den aufgeweichten Körnern bleibt genügend haften.

Die gewissenhafteste Handfütterung bleibt ohne Erfolg, wenn die notwendige Nestwärme nicht vorhanden ist. Sie muß durch künstliche Wärme ersetzt werden. Besondere Aufmerksamkeit ist hier bei jungen Tieren, bei denen die Federkiele sich erst durchschieben, erforderlich. Sind zwei Tiere vorhanden, dann erwärmen sie sich wohl gegenseitig, doch noch nicht genügend. Die Wärme kann durch einen Dunkelstrahler, der in entsprechender Höhe über die Nistschale gehängt wird, erzeugt werden. Doch ist hier Vorsicht geboten! Hängt der Strahler zu hoch, so verliert er seine Wirkung. Hängt er dagegen zu tief, wird die Wärme zu stark, die Temperatur des Körpers steigt; der Körper benötigt mehr Wasser, das dem Kropf entzogen wird. Am nächsten Morgen liegen die Jungen mit prallem Kropf in der Nistschale. Sie sind verdurstet. Der Züchter sollte daher die Höhe der Wärmequelle genau ausprobieren. Die Temperatur direkt über den Tieren sollte die Körpertemperatur, die im Durchschnitt 41,8° C beträgt, nicht übersteigen. Wird die Wärmezufuhr über Nacht unterbrochen, sei es durch Kurzschluß oder sonstige Beschädigung des Strahlers, so sind die Jungen am nächsten Morgen erstarrt. Selten haben Wiederbelebungsversuche Erfolg.

Sicherer dagegen ist eine wärmehaltende Verpackung der Tiere. Hierzu genügt ein entsprechend großer Karton – je größer, desto besser –, dessen Boden und Seiten dick mit Heu ausgepolstert werden. Die angewärmte Nistschale, ebenfalls mit Heu ausgepolstert, wird mit den Jungtieren auf den gepolsterten Boden gesetzt. Über diese wird ein möglichst kleiner Karton, der nur so hoch sein darf, daß die Jungen in der Nistschale sich nur eben aufrichten und drehen können, mit dem Boden nach oben gestülpt. Boden und Seiten dieses Kartons müssen natürlich stark durchlöchert werden, damit viel Luft ein- und ausströmen kann. Als Abdeckung wird eine lose Heuschicht aufgelegt, die mindestens 30 bis 40 cm dick sein soll. Die lose Schicht läßt ausreichend Sauerstoff durch und bewahrt die Wärme im Behälter. Ein geheizter Raum ist nicht erforderlich, sofern dieser frostsicher ist.

Mit der Hand aufgezogene Tauben werden sehr zahm, mitunter zu zahm oder sogar lästig, wenn man sich zu lange mit ihnen beschäftigt. Sie gewöhnen sich an ihren Pfleger und lernen, seine Stimme von jener anderer Personen zu unterscheiden. So hatte ich, als ich noch ein junger Mann war, eine junge Taube mit der Hand aufgezogen, mit der ich mich zu intensiv beschäftigt hatte. Ich hatte Last, sie an die selbständige Futter- und Wasseraufnahme zu gewöhnen, weil ich damals noch nicht die genügende Erfahrung in dieser Beziehung hatte. Wenn ich ihr Futter vorsetzte, nahm sie es nicht an. Statt dessen flog sie auf meine Schulter und bettelte piepsend um Futter. Ließ ich sie allein, wurde das Futter nicht beachtet. Natürlich wurde ich immer wieder weich. Das war mein Fehler. Als sie endlich fressen konnte, kam sie in den Freiflug. Sobald ich mich draußen blicken ließ, folgte sie mir auf Schritt und Tritt wie ein Hund durch den Garten und auch in das Haus. Meine Eltern hatten ihre Freude an diesem zahmen Tier. Die Freude war aus, als die Taube mein Schlafzimmer entdeckt hatte. Wenn ich im ersten Sommer bei offenem Fenster schlief, kam das Tier in aller Herrgottsfrühe durchs Fenster auf das Bett geflogen und ließ sich auf meiner Schulter nieder. Dabei ließ sie hin und wieder etwas fallen, das ich dann mit Zeitungspapier entfernte. Meine Mutter wurde über die hinterlassenen Flecken schon ungehalten. Doch es kam noch schlimmer. Damals gab es hier in den Dörfern noch kein elektrisches Licht. Licht spendete die Petroleumlampe. Wir waren gewohnt, während der Dunkelheit ohne Licht in die Betten zu steigen. So kam ich an einem lauen Sommerabend gegen Mitternacht nach Hause und hatte in der Dunkelheit nicht bemerkt, daß die Taube am Fußende auf der Kante der Bettstelle saß. Am nächsten Morgen war die Bescherung da. Das war meiner Mutter doch zuviel. Ich mußte das Tier schlachten. Man soll daher bei der Handfütterung ein Tier, das alt genug ist, selbständig Futter und Wasser aufzunehmen, lieber hungern lassen, als es verwöhnen. Selbst wenn es ein oder zwei Tage nichts anrührt: der Züchter sollte hart bleiben.

Die Aufzucht durch Ammentauben

Kurzschnäblige Rassen sind selten fähig, ihre eigenen Jungtiere ausreichend zu versorgen. Wohl sind sie in den ersten Lebenstagen imstande, ihren Jungen den notwendigen Futterbrei einzuflößen. Beginnt jedoch die Körnerfütterung, dann können die Tiere mit ihren kurzen

Schnäbeln die ebenfalls kurzen und nun schon dick gewordenen Schnäbel der Jungtiere nicht mehr erfassen. Kurzschnäblige Rassen sind künstliche, vom Menschen geschaffene Gebilde. Die Natur duldet diesen Eingriff nicht. Daher muß der Mensch helfend eingreifen, um die widernatürlich geschaffenen Rassen zu erhalten. Zur Aufzucht der jungen Kurzschnäbler bedient er sich deshalb der Ammentauben.

Ammentauben wurden keinesfalls zu diesem Zweck besonders herausgezüchtet. Als Ammentauben eignen sich sämtliche Tauben, die normal gebaute Schnäbel haben. Es können Rassetiere oder Kreuzungstiere verschiedener Rassen sein. Vorbedingung ist allerdings, daß sie zuchtfreudig und in der Aufzucht der Jungen zuverlässig sind. Sie sollen nicht viel größer sein als die kurzschnäbligen Rassen selbst. Ausgesprochen schwere Rassen sind also für zarte Kurzschnäbler ungeeignet. Dagegen haben sich Brieftauben zur Aufzucht junger Mövchen sehr bewährt. Auch glattfüßige Farbentauben und mittelschnäblige Tümmler sowie Kreuzungen der genannten Rassen sind geeignet. Der Züchter hat darauf zu achten, daß die Jungen der Ammen und die der Kurzschnäbler zum gleichen Zeitpunkt schlüpfen. Vorteilhafter noch würde es sein, wenn die Jungen der Ammen einige Tage später zur Welt kämen, denn dann würden die jungen Kurzschnäbler einige Tage länger in den Genuß der Taubenmilch kommen. Beim Zusammensetzen der Zuchtpaare hat er dies einzukalkulieren.

Es gibt verschiedene Möglichkeiten des Unterschiebens oder Auswechselns der Eier oder der Jungtiere. Er kann die Eier sofort nach dem Legen auswechseln. Ich betone ausdrücklich: auswechseln. Er soll nicht auf den Gedanken kommen, die Eier der Kurzschnäbler dem Ammenpaar unterzuschieben und deren Eier zu vernichten in der Absicht, von den Kurzschnäblern weitere Gelege zu erhalten. Das mag beim ersten Mal gutgehen, bei einer Wiederholung wäre die Täubin zuchtuntauglich. Um gesund und zuchttauglich zu bleiben, müssen Tauben die volle Zeit brüten und ihre Jungen bis zum Selbständigwerden füttern. Kurzschnäblige Tauben sind durchaus in der Lage, die langen Schnäbel der untergeschobenen Jungtiere zu erfassen, auch wenn schon Körner gefüttert werden. Daher sind die Eier auszutauschen.

Die jungen Kurzschnäbler können auch kurz nach dem Schlüpfen mit den soeben geschlüpften Jungen der Ammen ausgetauscht werden. Wie bereits erwähnt, gedeihen junge Kurzschnäbler besser, wenn sie den Futterbrei einige Tage länger als sonst üblich bekommen. Sie müßten dann im Alter von einigen Tagen einem Ammenpaar untergeschoben werden, dessen Junge eben geschlüpft sind. Die Jungen der Ammen würden in diesem Fall für einige Tage weniger Futterbrei erhalten. Da sie auch weniger wertvoll sind, ist es unerheblich, wenn sie im Wachstum etwas zurückbleiben. Um die Kurzschnäbler nicht zu überanstrengen, kann ihnen auch nur ein einzelnes Jungtier der Ammen zur Aufzucht überlassen werden. Da die Schlupftermine nicht immer nach Wunsch gleichmäßig stattfinden, werden im allgemeinen für ein Paar Kurzschnäbler zwei Paare Ammentauben gehalten. Der Züchter hat dann mehrere Möglichkeiten zum Austausch.

Junge Kurzschnäbler sollten möglichst früh an die selbständige Futteraufnahme gewöhnt werden. Werden sie zu lange von den Alten gefüttert, können, besonders bei jungen Mövchen, Mißbildungen des Schnabels, besonders Kreuzschnabel und Schnabeldruck, entstehen. Wenn die Tiere soweit sind, daß sie auf ihren Beinen stehen können, werden sie die Nistschale bald verlassen, wenn ihren Eltern in der Nistzelle Futter und Wasser vorgesetzt wird. Anfangs betteln sie um Futter. Doch dauert es nicht lange, und sie picken an den Körnern, besonders wenn letztere auf den Boden der Nistzelle gestreut werden, und auch sehr bald werden sie die Körner schlucken. Sobald die Tierchen selbständig trinken, können sie unbedenklich in den Jungtierschlag gesetzt werden. Doch sollen sie hier vorerst getrennt sitzen, damit sie von den älteren Jungtieren unbelästigt Futter und Wasser nach Belieben aufnehmen können. Nochmals möchte ich betonen, daß junge Kurzschnäbler im Jungtierschlag nicht mit langschnäbligen Rassen zusammen gehalten werden dürfen. Sie fressen langsamer und müßten Hunger leiden und würden somit in ihrer Entwicklung erheblich zurückbleiben.

Das zweckmäßige Futter

Die Taube ist in erster Linie ein Körnerfresser. Daß sie daneben noch in kleineren Mengen Grünfutter und animalische Futtermittel verzehrt, ist allgemein bekannt. Ferner benötigt die Taube zur Aufrechterhaltung der Verdauung verschiedene Arten der Mineralien, von denen eine Anzahl zum Aufbau des Körpers unbedingt notwendig sind. Teilweise sind die benötigten Mineralstoffe in anderen Futtermitteln mehr oder weniger enthalten. Andere werden dem Körper direkt zugeführt, wie z. B. die zur Verdauung notwendigen Steinchen, die sich die im Freiflug gehaltenen Tiere selbst suchen, der Züchter aber bei Volierenhaltung seinen Tieren zur Verfügung stellen muß.

Zweigeteilte praktische Futterkiste.

Als Hauptfutter bevorzugen unsere Tauben die Körner der verschiedenen Getreidearten und Hülsenfrüchte. Die einzelnen Arten sind in ihrem Nährwert verschieden, über den leider die wenigsten Züchter orientiert sind. Auch die Getreidearten, die von den Tauben zuerst aufgenommen werden, sind nicht immer als Alleinfutter geeignet. Wer seinen Tauben ein Gemisch aus Bohnen, Erbsen, Mais, Weizen, Gerste und Hafer vorwirft, wird beobachten, daß zuerst der Mais, bei ganz großem Hunger die Erbsen und Bohnen, sonst aber an zweiter Stelle der Weizen, gefolgt von der Gerste und zuallerletzt der Hafer aufgenommen werden. Bei allzu reichlicher Fütterung bleiben Gerste und Hafer liegen. Das Hauptfutter sollte daher aus einer Mischung verschiedener Getreidearten bestehen, um ein den Tauben entsprechendes Nährstoffverhältnis herzustellen.

Weizen und Gerste sind wohl die beliebtesten Körnerfuttermittel für Tauben – ob aber die allein richtigen, besonders aber Weizen, möchte ich bezweifeln. Wie bei allen Körnerarten, so gibt es auch beim Weizen qualitative Unterschiede. Die harten Weizensorten sind durchweg eiweißhaltiger als die sich weicher anfühlenden Sorten, die einen höheren Gehalt an Stärke aufweisen. Der harte Weizen ist vorzuziehen. Der Wert des Weizens liegt in seinem Gehalt an Protein und stickstofffreien Extraktstoffen. Dagegen ist sein Fett- und Mineralgehalt gering. Es ist nicht zu empfehlen, Weizen dauernd als Alleinfutter zu verabreichen, sondern nur mit guter Gerste und etwas Erbsen oder Wicken vermischt zu verfüttern. Zu starke Weizenfütterung hat das Auftreten von Gicht zur Folge. In diesem Fall zeigen die Nestjungen geschwollene Kniegelenke. Obwohl sie guten Fleischansatz haben, fühlen sie sich in der Hand weich und quabbelig an. Ihr Knochengerüst ist nicht stabil. Auch begünstigt starke Weizenfütterung eine weiche, lose Feder. Bei Rassen mit harter, straffer Feder sollte Weizen nur in ganz geringen Mengen dem Futter beigemischt werden. Ein weiterer Nachteil zu starker Weizenfütterung ist der geringe Gehalt an Mineralien, besonders an Kalk. Daher auch die gleichzeitige Knochenweiche bei gichtkranken Nestjungen! Wie bei allen Futtermitteln soll man auch beim Weizen nur beste Qualität kaufen. Durch Würmer hohlgefressene sowie mit Pilzen und Schimmel behaftete Körner, die muffig riechen, werden von den Tauben nur notgedrungen aufgenommen, wirken aber auf alle Fälle gesundheitsschädlich. Saatgut, in der Regel die beste Qualität, soll nur dann verfüttert werden, wenn die Garantie gegeben ist, daß es nicht gebeizt oder mit sonstigen chemischen Mitteln behandelt worden ist.

Weizen als Alleinfutter wirkt sich, wie erwähnt, nachteilig auf den Gesundheitszustand der Tauben aus. Dem Mischfutter beigefügt, ist er dagegen ein wertvolles Futtermittel.

Gerste ist wohl, außer bei Reisebrieftauben-Züchtern, das beliebteste Hauptfuttermittel. Ihr Qualitätsunterschied ist bedeutend. Am besten eignet sich zur Taubenfütterung die Braugerste (Sommergerste). Im vergangenen Jahr bekam ich kanadische Gerste, die wohl alle übrigen Sorten im Nährstoffgehalt übertreffen dürfte. Sie wurde von meinen Tieren noch vor dem Weizen aufgenommen. Und das will schon etwas besagen! Der Eiweiß- und Fettgehalt der Gerste ist niedrig, der Gehalt an unverdaulicher Rohfaser hoch. Doch betrachte ich letzteres nicht als einen Nachteil. Die Darmtätigkeit wird dadurch gefördert, der Kot bleibt normal. Als Alleinfutter ist Gerste im Winter angebracht. Doch sollten hier einige Körner Mais und Hülsenfrüchte beigegeben werden. Alleinige Gerstenfütterung während der Zuchtzeit wirkt sich auf das Wachstum der Nestjungen ungünstig aus, besonders bei den schwereren Rassen. Die Jungtiere erreichen niemals die Größe ihrer Eltern. Auch bei den kleineren Rassen hat die einseitige Ernährung ihre Nachteile, weil der Tierkörper dabei mit Stärke überladen wird.

In einem guten Mischfutter sollte auch Mais mit enthalten sein. Als

Alleinfutter ist er allerdings völlig ungeeignet. Er ist vor allem reich an Fett und Stärke. Für Tauben besonders geeignet ist der kleine Perlmais. Der große Pferdezahnmais kann höchstens an schwere Rassen verfüttert werden. Mais, der nicht völlig ausgereift auf dem Seeweg zu uns kommt, trifft bei uns in muffigem Zustand ein. Er ist sehr gesundheitsschädlich und ruft bei Jung- und Alttieren in den meisten Fällen starke Entzündungen der Kropf- und Halsschleimhäute hervor. Übermäßige Fütterung mit Mais bedeutet das baldige Ende einer Zucht. Die Täubinnen verfetten derart, daß sie zuletzt nicht mehr legen oder die geschlüpften Jungtiere nicht lebensfähig sind. Seit 40 Jahren bestand das Mischfutter meiner Strasser zu einem Viertel aus Mais. Sie wurden allerdings sehr knapp gehalten und konnten sich Zusatzfutter im Garten suchen. Als ich einige Paare in die Voliere setzte, war es mit der Zucht bald vorbei. Daher sollte man dem Mischfutter nur ein Zehntel der Gesamtmenge beifügen.

Hafer wird bei uns nur in seltenen Fällen an Tauben verfüttert. Der Nachteil bei ihm ist, daß er viele taube Körner (Hülsen ohne Kern) enthält, die von keinem Huhn und keiner Taube selbst bei größtem Hunger angenommen werden. Doch in seiner Zusammensetzung ist er ein ideales und gesundes Futter. Wird Hafer durch eine Reinigungsmaschine getrieben, wodurch die tauben Körner ausgeschieden werden, wird er ebenfalls restlos verzehrt, vorausgesetzt, die Tauben sind nicht überfüttert. Besonders gierig sind die Tauben auf geschälten Hafer. Hafer bekommt den Tauben besser als Weizen. Er enthält bedeutend mehr Fett als Weizen sowie mehr Mineralstoffe, hat den gleichen Eiweißgehalt und einen nur wenig geringeren Anteil an Kohlehydraten. Nach meinen Beobachtungen wirkt er sich günstig auf die Mauser und Federbildung aus. Vor einigen Jahren zeigten auf unseren führenden Schauen die Strasser, besonders die Täuber, häufig gebrochene Handschwingen. Auch bei meinen Tieren traten sie auf. So hatte ich einen Täuber, der besonders darunter zu leiden hatte. Hatte ich ihm die gebrochenen Schwingen gezogen, waren die noch im Blutkiel steckenden nachgewachsenen wieder gebrochen. So ging das bis zum dritten Jahr. Als in diesem Jahr die Zuchtarbeit beendet war, bekamen die Tauben nur Hafer, um durch krassen Futterwechsel den Eintritt der Mauser zu beschleunigen. Da sich die Tauben an den Hafer gewöhnt hatten, bekamen sie ihn auch während der Mauser weiter. Zu meinem Erstaunen mußte ich bald feststellen, daß jener Täuber, den ich nur mit blutverschmierten Schwingen kannte, völlig heile Schwingen nachgemausert hatte. Er hatte auch in den Jahren darauf nie wieder eine gebrochene Schwinge. Auch bei meinen übrigen Tieren sind nie wieder gebrochene Schwingen vorgekommen. Seit dieser Zeit bekommen meine Tauben Hafer. Im Winter zu gleichen Teilen mit Gerste vermischt, dazu bei strenger Kälte nur einige Maiskörner. In der Zuchtzeit füge ich dem Mischfutter 10 % Hafer bei. Der Hafer zeigt mir übrigens an, wenn die Tauben zu viel Futter bekommen haben. Bleibt bei einer Mahlzeit ein Rest Hafer zurück, wird die Gesamtration gekürzt.

Übrigens soll sich Hafer auf die Befruchtung sehr günstig auswirken. Wenn während des Winters nur Hafer mit Gerste vermischt verfüttert wird und die Tiere dabei knapp gehalten werden, besteht keine Gefahr, daß Täubinnen zu Beginn der Zuchtzeit verfettet sind.

Roggen, zu Brot verarbeitet, ist für den Menschen ein gesundes Hauptnahrungsmittel. Vom Geflügel, besonders aber von den Tauben wird er verschmäht. Nur in allergrößter Not wird er aufgenommen. Im ersten Weltkrieg bekamen unsere Hühner bei reiner Roggenfütterung geschwollene Köpfe und legten nicht mehr. In der Schweinemast bekommen noch nicht ausgewachsene Tiere lahme Beine, wenn der Anteil an Roggenschrot im Futter zu hoch ist. Also kommt Roggen für die Taubenfütterung nicht in Betracht.

Von den übrigen Getreidearten wurden früher Buchweizen, Hirse, Reis und Dari viel verfüttert. Heute wird von diesen Arten im Handel kaum noch etwas angeboten, es sei denn, die Züchter edler Kurzschnäbler hätten besondere Quellen. In England werden einige dieser Arten im Handel noch geführt. Auch der Verbrauch an Milokorn ist stark zurückgegangen.

Die Hülsenfrüchte sind nach wie vor im Taubenfutter unentbehrlich, sofern der Züchter Wert auf gesunde Nachzucht legt. Alle Hülsenfrüchte zeichnen sich nicht nur durch hohen Eiweiß-, sondern auch durch reichen Fettgehalt aus. Dazu enthalten sie viele Mineralien, besonders Phosphorsäure und Kalk. Außerdem ist die Erbse reich an Lezithin, ein für die Blutbildung wichtiger Stoff. Bohnen, Erbsen, Wicken und Linsen sind in ihrem Nährstoffgehalt ziemlich gleich. Hülsenfrüchte sollten nicht kurz nach der Ernte verfüttert werden. Sie müssen völlig ausgetrocknet sein. Dazu bedarf es einer sachgemäßen Lagerung und Belüftung. Bei nicht sachgemäßer Behandlung werden die Früchte glanzlos und schrumpfen ein. Besonders Erbsen sind oft wurmstichig. In ihrem Innern befindet sich oft noch der Wurm, der die Frucht von innen aushöhlt. Im allgemeinen lassen die Tauben die ausgehöhlten Früchte fallen. Ist die Aushöhlung noch nicht weit vorgeschritten, wird die Frucht samt Wurm verzehrt. Letzterer oder seine Ausscheidung scheinen Giftstoffe zu enthalten. Wenn diese Giftstoffe für Alttiere nicht schädlich sind, dann nur, weil sie an die Nestjungen weitergegeben wurden. Jedenfalls habe ich dadurch einige Jungtiere verloren.

Jede Art der Hülsenfrüchte hat ihre verschiedenen Sorten. Bei der Bohne soll die kleine, abgerundete Sorte vorgezogen werden. Die große, sog. Pferdebohne, vielfach mit eingedrückten Seiten, wird nur widerstrebend aufgenommen und kann höchstens bei großen Rassen den Schlund passieren. Notfalls können diese großen Bohnen zerkleinert werden.

Die Wicke ist wohl die gehaltreichste aller Hülsenfrüchte. Sie muß aber völlig einwandfrei sein. Wegen ihrer Kleinheit wird sie bei der Lagerung oft nicht ausreichend belüftet. Auch wird sie häufig unausgereift geerntet. Hierbei besteht die große Gefahr, daß sie muffig wird. Durch ihren hohen Eiweißgehalt verderben sie sehr schnell, durch das gleichzeitig verdorbene Eiweiß aber werden sie den Tieren besonders gefährlich. Darum soll nur feste, geruchlose Ware gekauft werden. Nicht selten enthalten Wicken als Unkrautsamen die Körner der Vogelwicke. Letztere ist unschädlich und wird von den Tauben mit verzehrt. Bedenklich ist dagegen die giftige Radewicke, auch Kornrade genannt. Sie ist nicht rund, sondern kantig und an einem Ende stumpfspitz. Ist dieses Unkraut in der Wicke enthalten, dann sollte der Kauf selbst bei günstigstem Angebot abgelehnt werden. – Während des letzten Krieges bekam ich eine Zuteilung von 25 kg Wicken. Dabei wurde erwähnt, sie sei radehaltig. Uns blieb weiter nichts übrig, als die ganze Portion zu verlesen. Abend für Abend, den halben Winter hindurch, wurde in der Küche eine Portion auf den Tisch geschüttet und verlesen. In der Wicke ist ein Stoff enthalten, der den Geschlechtstrieb anregt. Die Jungen sind noch keine 14 Tage alt, mitunter noch jünger, und die Alttiere werden schon wieder paarungslustig. Die Täubin verläßt tagsüber das Nest und wird vom Täuber stark getrieben, der natürlich nicht daran denkt, sich auf die Jungen zu setzen. Somit bekommen die Jungen, auch in der wärmeren Jahreszeit, nicht die notwendige Wärme. Sie bleiben im Wachstum zurück. Die Wicke soll daher dem Futter nicht zu reichlich beigemischt werden.

Die Linse ist ebenfalls eine wertvolle Hülsenfrucht. Sie wird gern genommen, doch selten verfüttert. Wenn sie in größeren Mengen preiswert zu haben ist, kann sie ohne Bedenken dem Futter beigemischt werden. Ohne Beimischung von Hülsenfrüchten zum Taubenfutter können nestjunge Tauben nicht gedeihen, es sei denn, daß die Alten feldern und sich die Ersatz- oder Ergänzungsstoffe selbst suchen. Alleinige

Verfütterung von Hülsenfrüchten ist schädlich. Schon nach kurzer Zeit werden die Nestjungen krank. Durch den hohen Eiweißgehalt der Früchte wird der Körper mit Eiweiß überladen. Überschüssiges Eiweiß wird aus dem Körper über die Nieren ausgeschieden. Können die Nieren die Arbeit nicht mehr bewältigen, so bilden sich im Körper Eiweißablagerungen, die sich schließlich zersetzen und den Körper vergiften. Wenn Tauben nicht schon an Eiweißvergiftung eingehen, werden sie doch anfällig für Infektionskrankheiten bleiben. Hülsenfrüchte sollten nur in bester Qualität verfüttert werden und mindestens ein bis zwei Jahre gelagert haben.

Von den Ölfrüchten werden Raps, Rübsen, Leinsamen und Hanf gern genommen. Sie sind reich an Fett. Doch sollten sie nur als Leckerbissen dienen, also nur in kleinen Mengen nebenher gegeben werden. Die Tauben merken es sehr bald, wenn der Züchter mit der Tüte erscheint. Bei Hanf ist größte Vorsicht geboten. Er ruft, in größeren Mengen gegeben, schwere Vergiftungen hervor. Leinsamen setzt sich oft in der Gaumenspalte fest. Wenn er hier quillt, wird er den Tauben lästig. Sie sperren den Schnabel auf, niesen und zeigen Anzeichen des Schnupfens. Rübsen ist in dieser Beziehung unbedenklich. Er kann während der Zuchtzeit und der Mauser dem Futter in beschränkter Menge beigegeben werden. Besonders in der Zucht kurzschnäbliger Rassen leistet er gute Dienste.

Nicht selten werden auch Eicheln verfüttert. Sie müssen allerdings geschält und getrocknet sein. In erster Linie dienen sie als Winterfutter, sollten aber nie mehr als etwa $1/3$ der Gesamtfuttermenge ausmachen. Das Schälen und Zerkleinern macht etwas Arbeit. Durch Hammerschläge zerspringt die Hülse, und die beiden Kernhälften fallen auseinander – eine Arbeit für einen Züchter ohne Beruf, um sich die Zeit zu vertreiben. Auf keinen Fall sollten Eicheln während der Zuchtzeit verfüttert werden. Sie enthalten Gerbsäure, die den Jungtieren schadet. Schweine, die mit Eicheln gemästet werden, bekommen schwarze Därme. Vielleicht sollte man durch Versuche feststellen, ob durch Eichelfütterung bei unseren Tauben Eingeweidewürmer bekämpft werden können.

Unkrautsämereien werden von Tauben viel verzehrt, die an das Feldern gewöhnt sind. Wertvoll sind besonders die Vogelwicke und der Hederich. In der heutigen modernen Landwirtschaft wird das Unkraut jedoch schon im Anfangsstadium mit chemischen Mitteln bekämpft; dadurch wird das Feldern für unsere Tauben immer gefährlicher.

Als Vitaminspender für unsere Tauben ist Grünfutter besonders gesundheitsfördernd. Neben verschiedenen Vitaminen enthalten die einzelnen Pflanzen mehr oder weniger Mineralien, so besonders Kalk, Phosphorsäure, Eisen, Schwefel und sonstige Spurenelemente. Freifliegende Tauben, auch wenn sie nicht feldern, decken ihren Bedarf schon im Garten oder in irgendeiner Ecke des Hofes, wo sich die Vogelmiere angesiedelt hat. Natürlich zerpicken sie dabei mit Vorliebe besonders zarte Gemüsepflänzchen. Sobald sie auf den Geschmack gekommen sind, kann die Sache fatal werden, wenn sie von der Frau des Hauses bei ihrem Treiben überrascht werden sollten. Wenn nicht, dann waren es eben die wilden Kaninchen! In Volieren gehaltene Tauben müssen unbedingt Grünfutter haben, wenn ihre Jungen gedeihen sollen. Tauben, die kein Grünfutter kennen, müssen an den Geschmack gewöhnt werden. Da Tauben besonders gierig auf Salz sind, bestreue man einen angefeuchteten Salatkopf mit einer Prise Salz, befestige den Kopf auf dem Taubenboden, vielleicht am Futtertrog oder in der Voliere am Drahtgeflecht einer Seitenwand und lege auf den Salatkopf einige Futterkörner. Durch die Futterkörner angelockt, kommen die Tauben auf den Salzgeschmack. Da sich das Salz durch die Feuchtigkeit inzwischen auf sämtliche Salatblätter verteilt hat, dauert es nicht lange, bis der Salat verzehrt ist. Schon am nächsten Tage fallen die Tauben über einen „ungesalzenen" Salatkopf her. Selten überfressen sich Tauben an Grünfutter, weil sie fast durchweg nur zartes Grün schlucken. Eine Verfettung wie bei überreichlicher Körnerfütterung findet nicht statt. Das Futter ist außerdem schnell verdaulich. Doch durch Verkettung widriger Umstände kann es doch gelegentlich zu einer Panne kommen. An einem Wintertag, als ich nachmittags meine Tauben füttern wollte, zeigten sie nicht den gewohnten Hunger. Sie saßen um die Tränke herum, tranken viel und machten mit dem Hals schlingernde Bewegungen, als wenn sie Futter aus dem Kropf würgen wollten. Dabei hatten sie an jenem Tag überhaupt noch kein Futter bekommen. Draußen war schon tagelang alles mit Schnee bedeckt. Gerade als ich ein Tier in die Hand nehmen wollte, legte sich ein Täuber mit Erstickungserscheinungen auf den Rücken. Ich nahm ihn in die Hand und fühlte einen prallen, ausgedehnten Kropf. Durch den Schnabel etwas aus dem Kropf herauszumassieren war nicht möglich. Schnellstens lief ich mit dem Täuber hinunter in die Küche. Mit einer Rasierklinge machte ich einen Kropfschnitt, etwa 1 cm breit. Schon sah ich es grün durchschimmern. Phosphor!, dachte ich im ersten Schreck! Nun ist der ganze Bestand hin! Weitere Behandlung zwecklos! Schließlich „puddelte" ich mit dem Stiel eines Eierlöffels etwas „Grünes" durch den Schnitt heraus. Es war Grünkohl! Ich „puddelte" weiter. Als der Kropf halb leer war, war der Haufen auf dem Tisch bald größer als der ganze Täuber; zum Schluß hatte ich eine ganze Schüssel voll. Kurze oder kleine Schnitte nähe ich grundsätzlich nicht mehr. Ich brachte den Täuber zurück in den Schlag und fand keine auf dem Rücken liegenden Tauben mehr vor. Am nächsten Morgen war alles in Ordnung. Wie ich bereits erwähnte, lag das ganze Land unter dichtem Schnee. Nur der Grünkohl ragte mit seinen Köpfen heraus. Die ganze Taubengesellschaft war also über den Schnee hinweg spaziert und hatte sich an Grünkohl gelabt. Vielleicht war der Kohl etwas gefroren, so daß er durch die Körpertemperatur und durch das Trinkwasser im Kropf auftaute und sich ausdehnte. Jedenfalls war es eine aufregende Stunde für mich. Übrigens ist der Grünkohl sehr nahrhaft. Leider ist seine Trokkensubstanz zu gering. Sie beträgt nur 10 %, der Wassergehalt dagegen 90 %. Eine Taube müßte also 500 g Kohl verzehren, um ihren Tagesbedarf an Nährstoffen zu decken. Natürlich ist dies unmöglich.

Die Kartoffel wird von Tauben gern genommen, wenn sie geschält und gekocht, als sog. Salzkartoffel verabreicht wird. In erster Linie ist es wohl der Salzgehalt, der die Tiere zur Aufnahme verlockt. Sie hat einen hohen Wassergehalt, daher wenig Trockensubstanz. Durch den hohen Wassergehalt wird der Kot sehr dünn. Doch aus Kartoffeln läßt sich ein sehr gutes Weichfutter herstellen. Die Kartoffeln werden gekocht und zu einem krümeligen Brei verarbeitet. Dem Brei beigemischt werden Getreideschrote sowie kleingeschnittenes Grünzeug, besonders Klee, besser noch geriebenes Kleeheu und Brennesseln. Auch sonstiges nahrhaftes Gemüse ist nicht zu verachten. Der Vorteil dieses Weichfutters liegt in der schnellen Verdauung. Aus diesem Grund habe ich es während der Zuchtzeit immer frühmorgens, wenn die Tiere Hunger und die Nestjungen einen leeren Kropf hatten, verabreicht. Haben hungrige Tiere die Wahl zwischen Körner- und Weichfutter, so verzehren sie zuerst die Körner. Anschließend füttern sie ihre Jungen und begeben sich dann an das Weichfutter. Das wollte ich aber gerade vermeiden. Die Nestjungen sollten erst das Weichfutter in ihrem leeren Kropf haben, anschließend das Körnerfutter. Denn das Weichfutter gelangt schneller in den Verdauungskanal, während das Körnerfutter eine gewisse Zeit zum Aufweichen benötigt. Somit wird die Hungerzeit beträchtlich verkürzt. Weichfutter gab ich niemals bis zur vollen Sättigung, sondern sofort anschließend die Ration Körnerfutter. Auf diese Weise bekamen die Jungtiere Weich- und Körnerfutter zugleich in den Kropf, so daß der Verdauungsvorgang nicht unterbrochen wurde, denn in der Zeit, in der das Weichfutter in den Magen gelangt war, war das Körnerfutter aufgeweicht.

Ich hatte Gelegenheit, Versuche anzustellen. Die Jungen, die im Nest Weichfutter bekamen, entwickelten sich weit besser und schneller als die, die nur Körnerfutter erhielten. Weichfutter soll nur in jener Menge verabreicht werden, die sofort verzehrt wird. An warmen Tagen säuert es leicht, und bei Frost gefriert es. In beiden Fällen können die Jungtiere eingehen.

Dem Weichfutter können auch animalische Stoffe beigefügt werden, so besonders kleingeschnittenes Fleisch in kleineren Mengen. Daß Tauben zu gewissen Zeiten Regenwürmer und Schnecken (kleine Ackerschnecken) verzehren, konnte ich wiederholt beobachten. Mitunter zogen meine Tauben die Regenwürmer direkt aus der Erde; doch gab es auch Zeiten, in denen die Würmer unbeachtet blieben. Ebenso verhielt es sich mit den Schnecken. Hierbei kam es soweit, daß die Jungen von einigen Paaren mit Schnecken überfüttert waren. Die Schnecken wurden mit dem Kot in unverdautem Zustande wieder ausgeschieden.

Um weichen oder flüssigen Kot, der durch Kartoffeln verursacht wird, zu vermeiden, kann dem Weichfutter pulverisierte Holzkohle beigemischt werden. Sie wurde früher als bestes Heilmittel angesehen, da sie auch sonst noch wertvolle mineralische Stoffe enthält. Heute wird der hohe Wert der Holzkohle bezweifelt, weil sie im Verdauungskanal der Tiere nicht nur schädliche Stoffe bindet, sondern zugleich auch lebensnotwendige unwirksam macht. Erwiesen ist, daß die heute dem Küken-Alleinfutter zugesetzten Antibiotika durch Holzkohle nicht zur Wirkung kommen. Die Verabreichung von Holzkohle an Tauben halte ich jedoch für unbedenklich, solange Tauben nicht gegen eine Infektionskrankheit behandelt werden. In diesem Fall könnte sich die Holzkohle nachteilig auswirken.

Mit der Holzkohle sind wir bei der Gruppe der Mineralstoffe angelangt. Mineralstoffe benötigt die Taube zum Aufbau und zur Erhaltung ihres Körpers. Sie werden von den Tauben teils direkt aufgenommen, teils gelangen sie durch Pflanzen (Grünzeug und Körner) in ihren Körper.

Bei der Darstellung des Grünfutters wurden bereits einige Mineralstoffe erwähnt; doch sind noch weitere Mineralstoffe lebensnotwendig. Die wichtigsten sind in erster Linie die zur Verdauung notwendigen Steinchen. Da die Taube keine Kauwerkzeuge besitzt, werden die aufgenommenen Körner, nachdem sie im Kropf erweicht sind, im Magen mit Hilfe der aufgenommenen kleinen Steinchen durch entsprechende Bewegungen der Magenmuskeln zermahlen. Selten geht ein Stein mit dem Kot ab. Die Steine bleiben im Magen, bis sie völlig zerrieben sind. Sie werden laufend durch neuaufgenommene ersetzt. In Volieren gehaltene Tauben sind auf diese Verdauungsmittel unbedingt angewiesen. Sie werden im Handel als Grit angeboten. Ich empfehle aber, darauf zu achten, daß Grit nicht nur allein aus Kalksteinen besteht. Kalkstein wird durch die Magensäure sofort aufgelöst, ohne daß er seinen Zweck erfüllt. Da Grit in den meisten Fällen noch weitere Substanzen enthält, kann er ohne Bedenken weiter gegeben werden.

Daneben sollte aber grober, **scharfer** Sand in genügender Menge zur Verfügung stehen. Er besteht zum größten Teil aus kleinen und für die Verdauung notwendigen Kieselsteinchen. Feiner, lehmiger Sand ist für diesen Zweck wertlos.

Neben den genannten Verdauungsmitteln wie Grit und Sand benötigt die Taube namentlich die Mineralien Kalk und Salz, dazu in geringerer Menge Eisen, Schwefel, Phosphorsäure und Magnesia. Von letzteren sind Spuren im Futter und im Erdboden enthalten. So ist es erklärlich, daß Tauben mitunter Erde aufnehmen. Wenn ich, aus dem Garten kommend, den Schlag betrat, pickten die Tauben die an meinen Schuhen haftenden Erdreste ab. Auch im Garten verschluckten sie kleine Erdkrumen. Man muß sich nur die Zeit nehmen, seine Tauben in aller Ruhe zu beobachten. Ohne Zweifel nehmen die Tauben mit der Erde zugleich verschiedene der benötigten Mineralstoffe zu sich.

In erster Linie benötigt die Taube, wie erwähnt, Salz und Kalk. Auf Salz sind die Tauben besonders erpicht, sehr oft zu ihrem Schaden. Bereits 5 g reines Kochsalz töten eine Taube. Die meisten Verluste entstehen beim Feldern freilich durch chemische Düngesalze. Haben die Alttiere Junge im Nest, entledigen sie sich der Gifte durch das Füttern der Jungtiere, die unweigerlich eingehen. An altem Mauerwerk bildet sich oft an feuchten Tagen Mauersalpeter, sofern die Ziegelsteine salpeterhaltig sind. Im Lauf der Jahre wird auch der Mörtel mit Salpeter durchsetzt. Die Tauben picken nun einmal gern den Mörtel aus den Mauerfugen. Dabei kommen sie auf den Salzgeschmack. Zuletzt picken sie auch von dem Belag an den Mauersteinen. Übelriechender Durchfall, besonders bei den Jungtieren, ist die Folge. Salpeter ist weit giftiger als reines Kochsalz. Man kann den Tauben die Salpeteraufnahme abgewöhnen, wenn auf den Schlag eine Nistschale mit Sand gestellt wird, der mit einer halben Hand voll Kochsalz vermischt ist. Zum Anlocken an die Schale dienen einige Getreidekörner. Die Tauben werden hier sofort ihren Salzhunger stillen, ohne sich zu vergiften. Ein probates Mittel, allerdings für ländliche Gegenden, Tauben von der Salpeteraufnahme abzuhalten, ist ein Stoff, der in landwirtschaftlichen Betrieben und in Dörfern ohne Kanalisation in rauhen Mengen vorhanden ist. Wenn von

Zwar schöne, aber für Kröpfer ungeeignete Futtertröge.

diesem einige Eimer voll an der mit Salpeter durchsetzten Mauer entlang auf den Erdboden gegossen werden, sind die Tauben monatelang von dieser Stelle nicht wegzubringen. Hier picken sie täglich mehrere Stunden lang. Sie werden auch nie an Diphtherie erkranken, denn der erwähnte Stoff ist das beste Heilmittel gegen diese Krankheit.

In den heute angebotenen Taubensteinen ist Salz in genügender Menge enthalten, ebenso die meisten der übrigen Mineralien. Man lasse sich aber garantieren, daß der Taubenstein nicht nur aus Sand, Lehm und Salz besteht. Den in Volieren gehaltenen Tauben soll ständig Taubenstein zur Verfügung stehen. An feuchten Tagen, besonders in den Herbst- und Wintermonaten zieht der Taubenstein wegen seines Salzgehaltes viel Feuchtigkeit an. In diesem Zustand ist er den Tauben weniger bekömmlich. Ein bis zwei Tage auf oder in den Küchenherd gelegt, wird er wieder in Ordnung sein.

Kalk benötigen die Tauben zu ihrem Körperaufbau in reichlichem Maße. In Getreidekörnern und Hülsenfrüchten ist Kalk, wenn auch nicht immer in genügender Menge, enthalten. Den höchsten Kalkgehalt hat der Hafer, gefolgt von der Ackerbohne. Letztere besitzt auch den höchsten Gehalt an Phosphorsäure. Somit wird dem Körper schon durch die Futtermittel eine bestimmte Menge Kalk zugeführt. Weiterhin nimmt die Taube durch Erde mehr oder weniger Kalk auf, besonders dann, wenn der Erdboden zur Erhaltung seiner Ertragsfähigkeit laufend mit Kalk versorgt wird. Phosphorsaurer Kalk kann durch Futterkalk zugeführt werden. Ferner erhält die Taube Kalk durch alten Mörtel; auch zerstoßene Eierschalen nimmt sie mit Vorliebe auf. Doch Eierschalen allein erfüllen den Zweck nicht. Sie enthalten nur kohlensauren Kalk. Wenn der Züchter Gelegenheit hat, trockenes Knochenschrot zu bekommen, kann er viel zum Mineralstoffbedarf seiner Tiere zusteuern. Es enthält sehr viel phosphorsauren Kalk, Magnesia und Eisen. Eisen kann den Tauben auch durch grünen Spinat und Schwefel durch Gartenkresse zusätzlich zugeführt werden. Haben die Tauben Gelegenheit, die lebensnotwendigen Mineralstoffe in genügender Menge aufzunehmen, dann sind sie gegen Krankheiten weniger anfällig, weil der Körper in der Lage ist, genügend Abwehrstoffe zu bilden.

Das zweckmäßige Körnermischfutter

Den Unterschieden der verschiedenen Taubenrassen in Körpergröße und Federstruktur entsprechend muß das Körnerfutter der jeweiligen Rasse zusammengesetzt sein. Unsere Futtermittelindustrie bringt ein Mischfutter in den Handel, das in erster Linie auf die Bedürfnisse der Reisebrieftaube zugeschnitten ist und sich nur für einige andere Rassen vom Format der Brieftaube eignet. Auf meine Anregung, für verschiedene Rassen entsprechende Mischungen herzustellen, wurde mir erwidert, daß nur bei einer Menge von 100 Tonnen an eine Fabrikation kostendeckend sein würde. Bei der überaus starken Verbreitung der Reisebrieftaube ist die Herstellung eines besonderen Mischfutters rentabel. Wer will aber schon für die Abnahme von 100 000 kg einer für kurzschnäblige oder besonders schwere Rassen geeigneten Mischung garantieren! Daher muß der Züchter das für seine Rasse geeignete Futter selbst zusammenstellen.

Bei der Zusammenstellung des Mischfutters haben wir zwischen der Fütterung während der Zuchtzeit und der Winterfütterung zu unterscheiden. Während der Zuchtzeit ist ein Aufbaufutter, im Winter ein Erhaltungsfutter erforderlich. Grundsätzlich soll bei allen Rassen ein Viertel der Gesamtmenge während der Zuchtzeit aus stark eiweißhaltigen Körnern, also Hülsenfrüchten bestehen. Für schwere Rassen mit starkem Knochenbau eignet sich eine Mischung aus 2 Teilen Bohnen,

1 Teil Erbsen, 1 Teil Mais, 2 Teilen Weizen, 4 Teilen Gerste und 1 Teil gereinigtem Hafer. Diese Mischung dürfte auch für Carrier, Dragoon und die Homer-Rassen geeignet sein.

Rassen mit kurzer und harter Feder, aber zartem Körper erhalten ein Gemisch von 1 Teil Erbsen, 2 Teilen Wicken, 1 Teil Mais, 1 Teil Weizen, 3 Teilen Gerste und 1 Teil Hafer. Rassen mit starkem Federwerk benötigen zur Federbildung ein besonderes kräftiges Futter. Zu diesen Rassen zählen Pfau-, Perücken-, belatschte Farben- und Trommeltauben sowie belatschte Kröpfer. Bei diesen Rassen ist der Bestandteil des Weizens auf 3 Teile zu erhöhen, von den weiteren Anteilen entfallen auf Erbsen 2, Wicken 1, Mais 1, Gerste 2 und Hafer 1 Teil.

Besondere Beachtung erfordert das Futter für kurzschnäblige Rassen, für die zugleich ein zarter Körperbau typisch ist. Der Meinung verschiedener Züchter, durch zu kräftige Fütterung würden die Tiere im Körper zu grob, kann ich nicht beipflichten. In erster Linie wird die Körpergröße vererbt. Die Körper durch knappe Fütterung oder durch Spätbruten klein zu halten geht auf Kosten der Gesundheit und kann zum Ruin einer Rasse führen. Für kurzschnäblige Rassen sind Bohnen zu groß. Dagegen werden Erbsen in gebrochenem Zustand gern genommen. Der Eiweißanteil kann vorwiegend aus gesunden Wicken bestehen. Die zarten Rassen gewöhnen sich auch an die verschiedenen Getreideschrote als Trockenfutter. Sie benötigen zu ihrer Aufnahme allerdings eine längere Zeit, fressen es aber mit Vorliebe, weil ihnen dadurch das Füttern ihrer Jungen sehr erleichtert wird. Bei der Zucht kurzschnäbliger Rassen wird der Züchter trotzdem auf Ammentauben angewiesen bleiben. Die Getreideschrote sollten aber nicht als alleiniges Futter verabreicht werden, um Verdauungsstörungen zu vermeiden, denn als Folge dieser Fütterung wird sich schließlich ein Schwund der Magenmuskeln einstellen, wenn die natürliche Funktion der Körnerzerkleinerung nicht mehr ausgeübt wird. Der Muskelschwund führt dahin, daß später überhaupt keine Körner mehr verdaut werden können. Sie werden unverdaut wieder ausgeschieden. Aus diesem Grund sollte neben den Schroten auch eine Ration Körner gegeben werden.

Die Mischung für kurzschnäblige Rassen sollte einschließlich der Getreideschrote aus 2 Teilen Wicken, 1 Teil gebrochener Erbsen, 2 Teilen Weizen, 2 Teilen Gerste, 1 Teil geschältem Hafer und 1 Teil Rübsen bestehen. Falls gesundes Knochenschrot erhältlich ist, kann es ebenfalls zu 1 Teil beigemischt werden. Kurzschnäblige Rassen müssen im Futter besonders knapp gehalten werden, denn sie verfetten sehr leicht.

Die Rassen der Kröpfer sind in ihrer Größe verschieden. Daher muß das Futter der Größe entsprechend gewählt werden. Das Futter für Altdeutsche und Pommersche Kröpfer mit ihrem starken Körperbau ist jenen der schweren Rassen gleichzustellen. Für die mittelschweren Kröpferrassen soll der Anteil an Bohnen und Erbsen geringer sein, die Bohnen können auch ganz entfallen. Dafür können 2 Teile Wicken gegeben werden. Das übrige Futter hat dann aus 1 Teil Mais, 2 Teilen Weizen, 4 Teilen Gerste und 1 Teil Hafer zu bestehen. Amsterdamer, Englische Zwergkröpfer und Brünner Kröpfer benötigen kleinkörniges Futter wie die Kurzschnäbler. Um bei den Jungtieren der hoch gestellten Englischen, Französischen und Brünner Kröpfer Beinschwäche zu vermeiden, ist die Zugabe von etwas phosphorsaurem Kalk erforderlich. Da die Kröpfer vorwiegend aus Trögen gefüttert werden, läßt sich dem Futter auch etwas Lebertran beimischen. Mit diesem aber muß maßgehalten werden. Auf die Futtermischung werden nur einige Tropfen geträufelt und mit den Körnern verrührt, so daß diese nur wie schwach poliert erscheinen. Diese Menge, einen um den anderen Tag verabreicht, genügt vollauf. Zu zahlreiche Gaben verderben den Appetit. Es ist aber zu beachten, daß der Lebertran absolut frisch ist. Im ranzigen Lebertran sind die wertvollen Wirkstoffe zerstört. Mit reinem, aus der Apotheke bezogenen Medizinallebertran hatte ich sehr gute Erfolge.

Die Fütterung der Kröpfer verursacht allerdings weit mehr Arbeit als die anderer Rassen. Kröpfer dürfen niemals bis zur vollen Sättigung gefüttert werden, um den gefürchteten Hängekropf zu vermeiden. Besonders die Rassen mit umfangreichem Blaswerk neigen zum Hängekropf, da die Kropfhaut durch übermäßige Futteraufnahme erschlafft. Das Gewicht des aufgenommenen Futters drückt den Kropf nach unten, und das Futter findet den Weg in den Verdauungskanal nicht mehr. Es geht im Kropf in Gärung über, und wenn der Züchter nicht eingreift, entstehen bösartige Kropfhautentzündungen, an denen ein Tier schließlich eingeht. Aus diesem Grund sollen Kröpfer immer hungrig gehalten und mindestens viermal am Tag knapp gefüttert werden. Bei den Zwergkröpfern ist eine noch häufigere Fütterung angebracht. Nur dadurch bleiben die Körper zart, und die Kröpfe werden nicht deformiert.

Ein besonders kräftiges Futter benötigt die Reisebrieftaube, besonders während der Zuchtzeit, in der von ihr nicht allein die Aufzucht ihrer Jungen, sondern zusätzlich noch erstaunliche Flugleistungen verlangt werden. Sie benötigt daher ein sehr eiweißreiches Futter, das vorwiegend aus Bohnen, Erbsen und Wicken besteht. Mais, Weizen und Gerste sind in geringeren Anteilen in der Mischung enthalten. Die hohe Eiweißgabe wirkt sich bei der Brieftaube nicht nachteilig aus, im Gegenteil; sie fördert die Flugfreudigkeit. Vor jeder Fütterung soll die Brieftaube etwa zwanzig Minuten lang fliegen, um die Muskeln zu stärken und für die Reise in Form zu bleiben. Das zweckmäßige Fertigfutter für Brieftauben gibt es im Handel, so daß sich der Züchter die Arbeit der Zusammenstellung ersparen kann.

Der Hochflug- und Dauerflugsport hat in den letzten Jahren sehr an Bedeutung wiedergewonnen. Ich betone das Wort „wiedergewonnen" mit Absicht, denn vor etwa 100 Jahren bis zur Jahrhundertwende wurden unsere Tümmlerrassen nur zum Hoch- oder Dauerflug gehalten. Dieser Sport wurde besonders in den Städten in einem Umfang ausgeübt, daß während der Flugzeit Wolken von Taubenschwärmen am Himmel standen, und dies in einer Höhe, daß sie kaum sichtbar waren. Später, als das Ausstellungswesen zur Blüte gelangte, nahm dieser Sport ab. Viele Züchter gingen mit ihren Tieren in die Schönheitskonkurrenz der Ausstellungen. An und für sich hätte dieses Verhalten dem Sport keinen Abbruch getan, wenn nicht gleichzeitig die meisten Tümmlerrassen nach dem Geschmack ihrer Züchter in ihrer Figur umgemodelt und dadurch für den Hoch- und Dauerflug ungeeignet geworden wären. Heute sind wir soweit gekommen, daß z. B. die Rasse Wiener Hochflieger in zwei Typen existiert, dem Ausstellungs- und dem Fliegetyp. Letzterer hat im Ausstellungskäfig überhaupt keine Aussicht mehr, eine Qualitätsnote zu bekommen, wenn doch noch, dann aber nur eine niedrige. Erfreulicherweise sind jetzt einige Sondervereine dazu übergegangen, neben der Zucht auf Schönheit auch den Hochflugsport zu pflegen. Lobend möchte ich an dieser Stelle die Züchter der Danziger Hochflieger und des Hannoverschen Tümmlers erwähnen, die neben der Schönheitskonkurrenz im Hochflug bereits wieder beachtliche Leistungen erzielen.

Wie ein edles Rennpferd anders gepflegt und gefüttert werden muß als ein behäbiger Ackergaul, so müssen Flugtauben ebenfalls vielseitig gefüttert werden, um sie zum Wettflug in Form zu bringen. Zuchtfreund Kaupschäfer, der seit einer Reihe von Jahren sich mit Erfolg für den Flugtaubensport einsetzt, wird den Leser anschließend über Futter und Fütterung der Flugtauben unterrichten. An dieser Stelle möchte ich Herrn Kaupschäfer meinen herzlichen Dank für seine Mitarbeit aussprechen.

Fütterung von Flugtauben

Unter unseren Taubenrassen befinden sich auch solche, die auf besondere physiologische Eigenschaften hin gezüchtet worden sind. Zu ihnen zählen die sog. Flugtauben. Zur Verdeutlichung seien vorgestellt: Brieftauben, Hochflugtauben, Rollertauben, Dauerflugtauben (Flugtippler), Bodenpurzeltauben und einige mehr. Bei ihnen ist für den Züchter die gezeigte Leistung und nicht das schöne Äußere von entscheidender Bedeutung.

Wir wissen, daß Flugleistungen neben dem fachgerechten Training, der einwandfreien Unterbringung und der leistungsbestimmten Auslese in großem Maße abhängig sind von der richtigen Fütterung der Tauben. Fütterungsfehler sind nicht selten Ursache schlechter Flugleistungen.

Natürlich werden die Zuchtpaare bei den Flugtauben, sofern sie nicht nebenbei doch noch zum Flugeinsatz kommen (was nicht vorteilhaft ist!), genau wie andere Tauben auch gefüttert. Den Zuchtpaaren obliegt es, für Nachwuchs zu sorgen. Daraus ergeben sich keine Besonderheiten gegenüber anderen Taubenrassen. Anders gestaltet sich für den Flugtaubensportler jedoch die Sachlage, wenn es gilt, die nachgezüchteten Jungvögel nunmehr von den Eltern abzusetzen, einzugewöhnen und einzufliegen. Da beispielsweise die Mehrzahl der Hochflug- und Rollertaubenzüchter Wettflüge ausschließlich mit Jungtauben bestreitet, ist demzufolge die Fütterungsfrage von eminenter Bedeutung.

Ein Teil der eben genannten Züchter, darüber hinaus aber vor allem die Brieftauben- und Flugtipplersportler, beteiligen sich an eigens für Alttauben ausgeschriebenen Flugwettbewerben. Bei ihnen ist folglich auch die spezielle Fütterung von Alttauben von großer Wichtigkeit. Bei den Brieftaubenzüchtern verfährt ein Großteil der Taubenfreunde so, daß man sich nahezu überhaupt nicht um besondere Fütterungspraktiken schert und einfach auf den Zufall setzt. Spitzenflieger allerdings, und darum sind sie eben auch die Elitezüchter, verwenden eine Unmenge an Zeit, um ihre Leistungsvögel exakt auf einen bestimmten Wettflug hin „in Form" zu füttern.

Es ist viel an Spezialliteratur über die Fütterung von Brieftauben erschienen. Darauf kann ich nur verweisen, da hier besonders die restlichen Leistungstauben in ihrer Behandlung durch den Züchter zu Wort kommen sollen. Und da sind es zur Hauptsache ja unsere verschiedensten Rassen von Hochflug-, Tümmler- und Rollertauben sowie die ausgesprochenen Marathonflieger, wie man die Flugtipplertauben aufgrund ihrer enormen Hochdauerflüge nennen kann.

Überschaut man einmal das gesamte Gebiet dieser Leistungstauben, so wird man feststellen, daß die britischen Züchterfreunde ganz besonders variierte Fütterungs- und Trainingspraktiken für ihre Flugtippler entwickelt haben, die auf jahrzehntelangen Erfahrungen beruhen. Auf dem europäischen Festland haben vor allem die Ungarn für ihre Hochflugtauben Fütterungsschemen erstellt, die sich ebenfalls in der Praxis als sehr gut erwiesen haben.

Beginnen wir also mit Fütterungsfragen bei den soeben von den Elternpaaren abgesetzten Jungtauben. Hier muß man sich entscheiden, was man erreichen möchte! Will man Leistungstaubensport nur so nebenbei betreiben, Spitzenflüge also mehr oder weniger dem Zufall überlassen, oder will man seine Tauben durch eine ausgewogene, detaillierte Fütterung für einen bestimmten Tag, nämlich den vorgesehenen Wettflugtag, in Kondition bringen?

Wer sich für die lasche Art der Fliegerei entscheidet, kann recht simpel vorgehen. Er hat sich lediglich an einige Grundregeln zu halten, die er aber, will er nicht Mißerfolge ernten, unbedingt einhalten sollte. Solche Grundregeln sind:

Eben von den Eltern abgesetzte Jungtauben werden zunächst zweimal täglich mit normalem, handelsüblichem Futter gefüttert, solange sie noch nicht freigelassen werden und höchstens unter einem Gewöhnungskasten sich ihre Schlagumgebung anschauen dürfen. Sobald diese Jungtauben das erste Mal fliegen sollen, läßt man sie einen Tag ohne Futter und öffnet am kommenden Tag erstmals die Klappen nach draußen. Die Besonderheiten des Eingewöhnens und Einfliegens junger Hochflugtauben, Roller usw. will ich hier nicht eingehend erörtern, da es dafür bereits entsprechende Fachliteratur gibt. Hunger ist beim ersten Freilassen jedenfalls eine der wichtigsten Handhaben des Züchters, seine Taubenschar wieder in den Schlag zurückzubekommen, indem er darin mit der Futterbüchse lockt.

Wenn die Jungtauben eingewöhnt sind und fortan mit den ersten gemeinsamen Rundflügen im Trupp beginnen, darf nicht mehr zweimal täglich gefüttert werden. Von nun an erhalten sie nur noch einmal täglich, und zwar stets abends ihre Futterration, die weiter aus handelsüblichem Mischfutter bestehen kann. Das bedeutet mit anderen Worten, daß ein Fliegestich junger Leistungstauben mit leerem Kropf zum Flug gestartet wird.

Manche Züchter lassen ihre Jungvögel jeden Tag fliegen, andere legen einige Tage Pause zwischen diesen ersten Trainingsflügen ein. Flugdauer und Flugstil müssen dabei natürlich berücksichtigt werden.

Es hat sich herausgestellt (schon 1596 wurde in Indien diese Praktik aufgezeichnet), daß Leistungstauben mit vollem Kropf nicht fliegen wollen, sondern daß die Roller ihr Gaukelspiel an Flugakrobatik, die Hochflieger ihren bestechenden Höhenflug oder die Flugtippler ihren phantastischen stundenlangen Nonstopflug erst dann vollführen, wenn man sie hungrig oder nur ganz wenig angefüttert losläßt! Das hat obendrein sein Gutes. Denn hungrige Tauben streben, nachdem sie ihren Flug beendet haben, sofort in den Schlag, weil sie dort Futter erwarten.

Das hat dazu geführt, daß einige Autoren sogar rieten, unmittelbar nach dem Start der Flieger solle man Futter in die Futtertröge des Schlages geben, damit die Taubenschar sich sofort nach Beendigung ihres Fluges in den Schlag stürzen könne. Übersehen wurde dabei jedoch ein großer Nachteil. Leistungstauben sind gelehrige Dressurvögel. Sie haben schnell heraus, daß sie bei ihrem Hungergefühl nur ein paar Runden ums Dach zu drehen brauchen, um dann schnellstens wieder in den Schlag zu trippeln und sich den Kropf mit Futter anzufüllen. Man fährt also besser, wenn man nach deren Anfliegen alle Tiere in den Schlag lockt, sie dort festsetzt und erst nach gut einer Stunde für diesen Tag füttert.

Herumbummeln auf dem Dach ist eine der größten Todsünden im Leistungstaubensport! Schlag und Himmel, mehr dürfen gute Leistungstauben nicht kennen!

Selbstverständlich gelten diese simplen Grundregeln auch für den Züchter, der mit seinen Tauben etwas mehr anstellen will, der sie also immer so zu füttern gedenkt, wie der jeweilige Leistungsstand es erfordert. Kurzum: Wenn er seine Jungtauben nur mäßig zu Leistungen anregen will, füttert er wenig energiegebendes Futter, beispielsweise Gerste. Erwartet er von ihnen ein Mehr an Leistung, dann wechselt er auf energiespendende Futtersorten um, also etwa auf Erbsen, Wicken, Kleinsämereien usw.

Wir müssen vorwegnehmen, daß junge Tauben als ungemein rasch wachsende Wirbeltiere – das geschlüpfte Täubchen erreicht mit 2 Tagen schon das Doppelte, mit 5 Wochen fast das Zwanzigfache seiner Körpermasse zur Zeit des Schlüpfens von 15 bis 20 g – einen verhältnismäßig hohen Eiweißbedarf haben. Tauben sind besonders gute Verwerter von Eiweiß. Die von ihnen täglich benötigten Mindestmengen betragen je nach Körpergröße der betreffenden Rasse 3 bis 5 g verdauliches Proteïn (Eiweiß). Bei besonderer Beanspruchung der Taube, etwa durch ihre Flugtätigkeit, ist eine erhöhte Eiweißzufuhr erforderlich. Aus diesem Grund lehnen einige Mitzüchter die alleinige Gerstenfütterung schon an die Jungtauben ab. Die britischen Fütterungsanleitungen zielen aber gerade darauf ab, und die erwirkten Flugerfolge demonstrieren, daß sie mit ihren Ansichten nicht falsch liegen.

Die Gerste hat einen verdaulichen Eiweißgehalt von 6,7%. Das würde den Jungtauben als Erhaltungsfutter genügen. Beginnen wir aber mit dem Fliegen, so wird der Leistungsbedarf größer, und da kann der Eiweißgehalt der Gerste evtl. nicht mehr reichen; denn unsere Flugtauben sind gewöhnlich mittelschwer, kommen also mit einer Tagesration von ungefähr 30 g Futter gut aus. Bei ausschließlicher Gerstenfütterung hieße das, daß eine Taube täglich nur 2 g Eiweiß erhielte. Das ist für den Leistungsbedarf zu wenig. Allerdings – und das wird nie recht gewürdigt und berücksichtigt – ist es die Regel, daß die Tauben an jenen Tagen, an denen sie geflogen werden, zur Gerstenration zusätzlich Kleinsämereien erhalten. Diese haben einen wesentlich höheren Prozentsatz an verdaulichen Proteïnen aufzuweisen: Hanf etwa 13,4%, Raps und Rübsen 17,6%, Leinsamen 20,4%. Man kann folglich den größeren Eiweißbedarf der Flugtiere regulieren.

Denn eines müssen wir bedenken: Wir wollen ja gerade die jungen Flugtauben durch gezielte Fütterung in schlechter Kondition haben, damit sie nicht allzu fluglaunig werden und alle Dressurversuche des Züchters übergehen. Sind sie aber erst an Schlag und Flug gewöhnt, wird ja auch die Fütterung umgestellt. Vor den Wettflügen sogar in der Weise, daß eine Woche lang durch die Fütterung namentlich von eiweißhaltigen Hülsenfrüchten wie Wicken (22,5% Eiweiß) und Erbsen (16,8% Eiweiß) bewußt mehr Eiweiß zugeführt wird.

Daraus wird auch ersichtlich, daß z. B. manche Flugtipplertypen, insonderheit die schweren Schläge, im Vortraining auf Gerste allein nicht recht fliegen wollen. Hier raten wir dann immer dazu, Weizen zuzufüttern, denn dieser besitzt 10,3% verdauliches Protein, also erheblich mehr als die Gerste. Die englischen Fütterungsmethoden sind demnach auch vom wissenschaftlichen Standpunkt aus vertretbar.

Von den drei wichtigen Nährstoffen: Kohlehydrate (Stärke), Eiweiß (Protein) und Fett sind die Kohlehydrate für die zu leistende Muskelarbeit von entscheidender Bedeutung. Von der Versorgung des Taubenkörpers mit Kohlehydraten ist die Flugleistung in allererster Linie abhängig.

Bleiben wir einmal beim Anfangsstadium der flugsportlichen Schulung unserer jungen Flugtauben, wenn sie nur auf Gerste die ersten Flugübungen absolvieren sollen: Gerste hat einen Stärkegehalt (Kohlehydrate) von 65% (Weizen z. B. von 68%), aber nur einen Rohfasergehalt von 5,0%. Der geringere Rohfasergehalt ist sehr vorteilhaft, da Rohfaser nicht nur kein Energieträger ist, sondern darüber hinaus zur Ausscheidung aus dem Verdauungskanal noch zusätzlich Energie verbraucht. Durch die Verdauung werden die Kohlehydrate zu Traubenzucker (Dextrose) abgebaut (deshalb ist es z. B. auch günstig, Tauben, die größere Leistungen bewältigen sollen oder vollbracht haben, gleich Traubenzucker über das Trinkwasser o. ä. zuzuführen; man erspart dadurch der betreffenden Taube nämlich den energieverbrauchenden Umwandlungsprozeß). Nur in Form von Traubenzucker können Kohlehydrate durch die Darmwandung ins Blut überwechseln, um dann sofort wieder zur Gewinnung von Arbeitsenergien verwendet oder aber in Form von Glykogen in der Leber und Muskulatur als Kraftreserve gespeichert zu werden.

Doch nun zurück zur rein praktischen Anwendung dieser Überlegungen. Entweder man verfährt so, daß man den im Alter von etwa 4 Wochen von den Eltern abgesetzten **Jungtauben** nur 2 Wochen lang Mischfutter reicht und danach auf die alleinige Gerstenfütterung überwechselt, die bis eine Woche vor einem Test- oder Wettflug durchgehalten wird, um dann von einer konditionsförderlichen Futterzusammensetzung abgelöst zu werden. Oder man füttert seine Jungtauben so lange mit gutem Mischfutter, bis sie die ersten Schwungfedern werfen und in der Augenfarbe wechseln. Es erscheint in diesem Fall angeraten, mit dem ersten Fliegenlassen dann aber auch so lange zu warten. Man geht dann zur Gerstenfütterung über und beginnt danach das allabendliche Trainingsfliegen.

Bei den **Alttauben** haben wir es mit voll ausgereiften Tieren zu tun, denen es kaum mehr etwas ausmachen wird, wenn man sie auf reine Gerstendiät setzt, um sie zunächst in eine mindere Kondition zu bringen. Eine Woche vor einem Wettflug werden sie aufgebaut, konditioniert und so in die Lage versetzt, an einem bestimmten Tag energiegeladen an den Start zu gehen und möglichst den ganzen Tag durchzufliegen, extrem zu rollen oder einen Höhenflug par excellence hinzulegen. Ich konnte selbst die theoretischen Hinweise in die Praxis ummünzen und ein Flugtipplerteam von drei Alttäubern 17 Stunden und 30 Minuten ununterbrochen fliegen.

2 bis 3 Wochen (das genügt vollkommen!) bekommen meine Tauben, alt oder jung, nur einmal abends je einen Eierbecher voll guter Brauergerste. Darauf lasse ich die Jungtauben 3 Stunden, die Alttauben 5 Stunden zweimal wöchentlich fliegen. An den Flugtagen reiche ich ihnen vor der Abfütterung mit Gerste etwas Kleinsämereien.

Hierauf folgt vor dem Wettflugtag eine einwöchige Spezialfütterung.

Wie nachfolgend angegeben, habe ich haargenau meine Flugtippler gefüttert, die die Rekordzeit von 17 Stunden und 30 Minuten leisteten. Auch meine Jungtauben kamen dadurch zu besten Wettflugresultaten:

1. Tag: Abends: 2 Teelöffel Gerste, 1 Teelöffel Australische Erbsen. Wasser.
2. Tag: Flug: Jungtauben: 3 Stunden; Alttauben: 5 Stunden. Abends: 2 Teelöffel Gerste, 1 Teelöffel Australische Erbsen. Wasser.
3. Tag: Abends: je 1 Teelöffel Weizen, Australische Erbsen, Leinsaat. Wasser.
4. Tag: Abends: je 1 Teelöffel Weizen, Perlmais, Kanariensamen. Wasser.
5. Tag: Flug: Jungtauben: 5 Stunden; Alttauben: 7 Stunden. Abends: 2 Teelöffel Australische Erbsen, 1 Teelöffel Weizen. Wasser.
6. Tag: Abends: je 1 Teelöffel Perlmais, Australische Erbsen, gemischte Kleinsaat. Wasser mit Traubenzucker.
7. Tag: Abends: je 1 Teelöffel Hirse, Australische Erbsen, Dari, Weizen. Wasser mit Traubenzucker.
8. Tag: Mittags: je 6 Körner Perlmais und Australische Erbsen, dann ³/₄ sattfüttern mit Kleinsaat (Hanf, Hirse, Kanariensamen, Leinsaat). Wasser.

Wettflugtag: Wasser und starten!

Anmerkungen zum vorstehenden Plan:

Die Rationen verstehen sich pro Taube. Die abendliche einmalige Fütterung erfolgt gegen 22 Uhr. Am 1. und 2. Tag der Vorbereitung kann dem Trinkwasser Karlsbader Salz zugefügt werden. Dosierung: 1 Teelöffel auf ³/₄ Liter Wasser. Traubenzucker-Dosierung: 2 Eßlöffel auf 1 Liter Wasser.

Nach einem solchen Wettflug setze ich meine Flugtauben sofort wieder auf Gerstendiät, halte sie etwas fest, um sie dann erneut für den nächsten Wettflug vorzubereiten. Im Zweifelsfall füttere man lieber etwas zu knapp als zu viel! Nie darf auch nur ein Körnchen liegen bleiben. Dies würde auf ein Zuviel an Futter hindeuten. Wasser sollte man am besten immer erst eine halbe Stunde nach der Fütterung reichen, natürlich stets frisches.

Namentlich Hochflugtauben und selbstverständlich Flugtippler sind, wenn man sie so trainiert und versorgt, in der Lage, Höchstleistungen zu erfliegen. Bei Flugrollertauben ist es etwas anders. Diese will man ja nicht zu Dauerflügen animieren. Sie sollen am Wettflugtag extreme Roll-Leistungen zeigen. Nachweislich absolvieren sie bei der hier beschriebenen Spezialfütterung schnell erstaunliche Dauerflüge, lassen dafür aber in der Luftakrobatik nach, da diese energiezehrend ist.

Sollten sich solche Erscheinungen einstellen, tut man als Rollersportler gut daran, die Spezialfütterung nicht eine volle Woche, sondern lediglich höchstens 3 Tage durchzuführen! Auch sollte man möglichst jeden Tag einen Trainingsflug machen lassen, um zu verhindern, daß sie sich zu Dauerfliegern mausern.

Manche Hochflugtaubenfreunde lieben es, besonders große Flugstiche starten zu lassen. Es würde dabei zweifellos zu viel Arbeit machen, das Futterquantum jeder Taube einzeln zuzumessen. Hier kann man die Gesamtmenge errechnen und dann zusammen verabreichen.

Es soll keineswegs gesagt sein, daß allein die richtige Fütterung schon den ersehnten Flugerfolg zeitigt. Es spielen da noch andere Faktoren mit. Aber wenn die Fütterung schon nicht stimmt, ist dies ein so großes Manko, daß es kaum durch andere Dinge egalisiert werden kann.

Die Winterfütterung

Während der Wintermonate soll die Zucht ruhen. Die Zuchttiere sollen sich von der Strapaze ihrer Arterhaltung ausruhen. Bei normaler Fütterung haben sie anscheinend nicht das Bedürfnis zum Ausruhen und empfinden auch die Arterhaltung nicht als anstrengende Arbeit. Sie schreiten auch im Winter zur Brut. Ob mit oder ohne Erfolg, kommt auf die jeweilige Außentemperatur. an. Um sie von der Brut abzuhalten, müssen sie eben anders und knapper gefüttert werden. Eine knappe Fütterung, die den Bruttrieb unterdrückt, ist durchaus keine Tierquälerei. Die Standvögel in freier Natur durchleben in diesen Monaten eine schwere Zeit, und doch beginnt im Frühling für sie ein neues Leben.

Die Winterfütterung der Tauben beginnt nach der abgeschlossenen Mauser. Der Rassetaubenzüchter sollte etwa Mitte August die Zucht beenden und versuchen, eine schnelle Mauser herbeizuführen. Liegen noch wertvolle Jungtiere im Nest, dann mag er sie noch aufziehen lassen. Nach ihrem Absetzen muß er sie jedoch besonders intensiv pflegen. Schreiten die Eltern dieser Nestjungen zur Brut, sollten die Eier durch Gipseier ersetzt werden. Den Alttieren ist, solange sie die

Jungen füttern, in der Nistzelle ihr normales Futter vorzusetzen. Im übrigen sind die Nistzellen zu schließen und die Geschlechter für eine Woche zu trennen. Gefüttert wird nur einmal täglich, und zwar gegen Abend. Das Futter besteht nur aus reiner oder mit Hafer vermischter Gerste. Dieser schroffe Futterwechsel soll den schnellen Beginn der Mauser herbeiführen. Innerhalb weniger Tage verlieren die Tauben ihre Hals- und Kopffedern. Von diesem Zeitpunkt an wird wieder zweimal täglich gefüttert. Es wird erneut das normale, während der Zuchtzeit gegebene Futter verabreicht, weil die Tiere während der Mauser zur Federbildung ein besonders kräftiges Futter benötigen. Auch wird durch ein kräftiges Futter die Mauser sehr beschleunigt. Während der Mauser sollten nebenbei in geringen Mengen etwas Rübsen oder Raps sowie Leinsamen gegeben werden. Grundsätzlich soll man Tauben während der Mauser nicht überfüttern, sondern kanpp halten. Daher darf die Fütterung am Morgen nicht zur vollen Sättigung führen; dagegen kann die Abendfütterung reichlicher ausfallen, damit die Tiere mit vollem Kropf ihre Nachtruhe beginnen. Wie bereits erwähnt, ist eine Überfütterung zu vermeiden. Die Tiere, die nunmehr keine Jungen zu versorgen haben, werden durch den dauernd gefüllten Kropf träge, verlieren die Lust zum Fliegen und verfetten zu leicht.

Während der Mauser sollen Tauben jeden zweiten Tag Gelegenheit zum Baden haben. Reichliches Baden fördert das Wachstum der Federn. Der Schlag soll zu Beginn der Mauser peinlichst gereinigt werden. Zugleich ist das Ungeziefer zu bekämpfen, das gern die zarten, noch wachsenden Federn beschädigt. Ein früher Beginn der Mauser hat den Vorteil, daß sich die Mauser in den verhältnismäßig warmen Wochen der Monate August und September vollzieht und daher weit schneller verläuft als im Oktober, in dem die Nächte länger und mitunter auch schon recht kalt werden.

Sobald die Mauser beendet ist – der Züchter wird es feststellen, wenn er die Tiere in der Hand untersucht, auch liegen morgens keine ausgefallenen Federn mehr unter den Sitzplätzen –, kann mit der Winterfütterung begonnen werden. Hierbei ist ein krasser Futterwechsel zu vermeiden, denn es können immer noch Tiere vorhanden sein, deren Federn noch nicht vollständig ausgewachsen sind. Man kürze daher nur allmählich das Morgenfutter und ersetze ebenfalls allmählich das bisherige Futter durch Gerste und Hafer, um schließlich zur einmaligen täglichen Fütterung am Abend überzugehen. Bis vor einigen Jahren habe ich im Winter nur Gerste verfüttert, ohne Nachteile festgestellt zu haben. Jetzt verabreiche ich Gerste und gereinigten Hafer zu gleichen Teilen.

Ich habe beobachtet, daß die Tiere bei diesem Gemisch viel lebhafter bleiben. Auch bei reiner Gerstenfütterung können die Tiere verfetten, wenn zu viel verabreicht wird. Der Hafer zeigt dagegen sofort an, ob die Futterration zu reichlich bemessen war. Bleiben nach der Mahlzeit Haferreste zurück, dann muß die Ration gekürzt werden. Wenn sich die Tauben beim Erscheinen des Züchters wie wild gebärden und um ihn herumflattern, so ist das immer ein Zeichen, daß sie sich in gesunder Verfassung befinden. Diese Fütterung kann ohne Bedenken bis kurz vor Zuchtbeginn beibehalten werden. Bei starker Kälte, besonders bei starkem Nachtfrost, sind einige Körner Mais nicht schädlich; sobald aber die Temperatur den Nullpunkt erreicht, muß es mit dieser Beigabe unbedingt vorbei sein. Mais als Wärmespender fördert den Paarungstrieb, und der sollte gerade im Winter verhindert werden. Hinzufügen möchte ich noch, daß die abgesetzten Jungtiere nach ihrer Herbstmauser zu den Alttieren gesetzt werden und die gleiche Winterfütterung bekommen.

Etwa 2 bis 3 Wochen vor Zuchtbeginn werden die Geschlechter getrennt. Die Täuber verbleiben auf dem Zuchtschlag. Sie werden hier ihre gewohnte Nistzelle behalten. Den Jungtäubern, die in die Zucht eingestellt werden sollen, muß Gelegenheit gegeben werden, sich eine Nistzelle auszusuchen. Nicht benötigte Nistzellen bleiben geschlossen. Gleichzeitig wird das Winterfutter allmählich durch das Aufzuchtfutter ersetzt; auch wird von der einmaligen täglichen Fütterung allmählich zur zweimaligen übergegangen. Dabei soll morgens nur ganz wenig, abends bis zur Sättigung gefüttert werden. Erst wenn Junge im Nest liegen, wird die Ration zur ausreichenden Sättigung erhöht, denn Nestjunge dürfen nicht längere Zeit mit leerem Kropf hungern. Die bekannten Hungerstreifen in den Federn der Nestjungen sind ein Zeichen, daß die Nahrungszufuhr zu lange unterbrochen war.

Das Zuchtgeschehen im Kreislauf des Jahres

Vieles vom Zuchtgeschehen im Kreislauf des Jahres habe ich bereits in den vorhergehenden Abschnitten angeführt. Ich möchte daher nur noch einige Punkte von besonderer Bedeutung behandeln:

Da ist zunächst die Frage zu beantworten: „Wann soll mit der Zucht begonnen werden?" Natürlich im Frühjahr, sobald die Sonne steigt. Nun wird wohl kein Züchter die Geduld haben, mit dem Zuchtbeginn bis zum Frühlingsanfang zu warten, damit die Jungen im Nest nicht vor

Kälte erstarren. Wir haben schon sämtliche Januartage ohne Frost erlebt, während uns der März noch starken Frost brachte, und selbst noch Anfang April erstarrten Jungtiere in ihrem Nest. Es wäre daher verfehlt, einen genauen Zeitpunkt des Zuchtbeginns festzulegen. Er richtet sich auch nach der Robustheit bzw. Zartheit der jeweiligen Rasse. Zarte Rassen leiden mehr unter der Kälte als schwere, robuste. Manche Elterntiere bedecken bei starker Kälte ihre Jungen noch, bis das Federkleid vollständig ausgewachsen ist. Andere beschützen ihre Jungen nicht mehr, sobald die Blutkiele durchgestoßen sind.

Die meisten Züchter zarter Rassen nehmen sich Zeit. Sie beginnen mit der Zucht dann, wenn die Jungen in der zweiten Hälfte des Monats April schlüpfen, und fahren nicht schlecht dabei. Sie haben ihre Jungtiere zu den ersten Herbstschauen schaufertig. Schwere Rassen benötigen eine längere Entwicklungszeit. Ihre Züchter möchten möglichst früh mit der Zucht beginnen. Es ist eben Glückssache, ob die erste Brut ohne Schaden aufwächst oder verlorengeht. Auch kommt es auf die Lage des Schlages an. In meiner Jugend, als ich noch kein Züchter, sondern nur Halter war, hatte mein Schlag Lehmwände und Lehmboden. Über der Holzdecke lagerte das Heu. Meine Tauben setzten nur während der Mauser mit der Brut aus. Den ganzen Winter über brachten sie ihre Jungen groß. Von einer Trennung der Geschlechter hatte ich noch keine Ahnung. Heute bedienen sich manche Züchter der künstlichen Wärme (Strahler), die den Nestjungen sehr wohl tut. Doch den ganzen Schlag zu heizen ist grundfalsch. Die Zuchttiere werden dadurch verweichlicht. Über kurz oder lang werden sie erkältet sein. Dem Züchter muß es also überlassen bleiben, wann er seine Tiere zusammensetzt. Wenn die Jungen Mitte März schlüpfen, werden sie bei sachgemäßer Pflege bis zum Herbst schaufertig sein.

Das Zusammensetzen der Zuchttiere gestaltet sich am einfachsten, wenn die Paare des vergangenen Jahres weiterhin zusammenbleiben sollen. Die Täuber haben inzwischen ihre gewohnten Nistzellen bezogen. Ihre Täubinnen werden einfach in den Schlag gesetzt. Schon im gleichen Augenblick haben sich die Partner gefunden. Schwieriger gestaltet sich die Sache, wenn zwei Altpaare umgepaart werden sollen. Sie müssen sich in der Doppelnistzelle erst aneinander gewöhnen. Dabei sollen sie ihre vorjährigen Partner nicht zu Gesicht bekommen und auch nicht hören können. Haben sie sich in der Nistzelle endlich gepaart, dann sollen sie nicht gleichzeitig mit den vorjährigen Partnern in den Schlag gelassen werden. Sämtliche Mühe und Arbeit wäre sonst vergebens. Tauben haben in dieser Beziehung ein gutes Gedächtnis. Aus diesem

Grund soll nur jeweils ein Paar in den Schlag gelassen werden, während das andere Paar für einen Tag aus dem Schlag genommen wird. So kann mit den Paaren abwechselnd einige Tage verfahren werden. Erst wenn die einzelnen Tiere von ihren früheren Partnern keine Notiz mehr nehmen, kann die Umpaarung als geglückt gelten. Doch gibt es auch Ausnahmen. Manche Partner lassen sich überhaupt nicht trennen, andere lassen Eier und Junge im Stich und kehren während der Zuchtzeit zu ihrer alten Liebe zurück. Verhältnismäßig einfach ist das Verpaaren der vorjährigen Jungtiere, sofern sie noch kein Liebesverhältnis bindet. Die vorgesehenen Partner werden sich in der Nistzelle sehr schnell einig geworden sein. Es ist zu empfehlen, die Tiere, die im Vorjahr beisammen waren und weiter zusammen bleiben sollen, als letzte in den Schlag zu setzen, nachdem die Umpaarungen beendet sind. Letztere benötigen mitunter sehr viel Zeit, in der die altverpaarten Tiere längst ihre Gelege getätigt hätten. Um den Schlupf auf möglichst wenige Tage zu beschränken, sollte versucht werden, den Brutbeginn ebenfalls möglichst zur gleichen Zeit herbeizuführen.

 Im Zuchtschlag dürfen auf keinen Fall überzählige Tiere gehalten werden. Überzählige Täuber stören den gesamten Zuchtbetrieb. Sie belästigen die Täubinnen in ihren Nistzellen. Bei der entstehenden Rauferei zerbrechen die Eier, oder noch kleine Junge werden aus dem Nest geworfen. Größere Nestjunge, deren Eltern sich im Freien aufhalten, werden unter Garantie totgehackt. Ein einzelner Täuber kann somit alle Hoffnungen eines Züchters zunichte machen. Handelt es sich bei dem überzähligen Täuber um ein sehr wertvolles Tier, dann muß sich der Züchter schon eine wenn auch rassisch wertlose Täubin besorgen, um die Ruhe im Schlag sicherzustellen.

 Überzählige Täubinnen können ebenfalls Schaden anrichten. Sie hacken nur in Ausnahmefällen Nestjunge, aber sie verfolgen jeden Täuber bis in seine Nistzelle. Hier kommt es dann zwischen den beiden Täubinnen zur Rauferei, wobei die Gelege ebenfalls beschädigt werden. Zwei überzählige Täubinnen paaren sich hingegen und schreiten auch zur Brut. Im Nest liegen dann vier Eier, die in den meisten Fällen auch befruchtet sind. Werden zwei Eier entfernt oder anderswo untergeschoben, werden die geschlüpften Jungtiere tadellos aufgezogen. Ich habe festgestellt, daß zwei solcher Täubinnen ihre Jungen besonders eifrig füttern.

 Einen ganz raffinierten Trick konnte ich vor bald 50 Jahren bei einem Züchter beobachten. Er hatte einen wertvollen Täuber importiert, von dem er möglichst viel Nachzucht erwartete. Der Täuber wurde auf dem

Dachboden der Scheune in eine Einzelbox gesetzt. In weitere Einzelboxen kamen je zwei Täubinnen; wenn ich nicht irre, waren es insgesamt 10 Stück. Die Zwischenwände der Boxen waren verkleidet, so daß sich die Tiere nicht sehen konnten. Sobald sich zwei Täubinnen gepaart und mit dem Nestbau begonnen hatten, kamen beide einzeln nacheinander auf etwa eine halbe Stunde in die Box des Täubers. Der Züchter hatte einen Bestand von über 50 Tieren. Er war daher in der Lage, die Eier zu verteilen. Am Ende der Brutzeit hatte er 36 Jungtiere von einem Täuber. Dabei waren die Täubinnen durchaus nicht ausgemergelt, denn sie mußten jedesmal ein oder zwei Junge selbst aufziehen. Der Züchter hatte diesen Trick geheimgehalten. Wenn ich ihn nicht zufällig auf dem Boden überrumpelt hätte, hätte er ihn auch mir nicht verraten. Ich glaube kaum, daß ein anderer Züchter bisher auf diese Idee gekommen ist. Wer genügend Zeit und einen großen Bestand hat, könnte es immerhin versuchen.

Die erste Tat nach einer glücklichen Vereinigung oder Wiedervereinigung beider Geschlechter ist der Tretakt, der bis zur Eiablage der Täubin täglich mehr oder weniger häufig wiederholt wird. Anschließend lockt der Täuber seine Täubin mit den bekannten Huh-huh-huh-Lauten in die Nistschale, wo beide eng aneinander geschmiegt oft stundenlang verharren. Nach einigen Tagen beginnt der Nestbau. Der Täuber holt Nistmaterial heran, während die Täubin in der Nistschale verbleibt und die herangetragenen Halme zu einem Nest ordnet. Das Nistmaterial ist ganz verschieden. Bevorzugt werden dünne Holzreiser und dicke, steife Strohhalme, während dünne Strohhalme verschmäht werden. Auch Heu wird verschmäht. Das Quantum des herangetragenen Materials ist ganz verschieden. Manche Täuber sind sehr rege, so daß mitunter ein Haufen entsteht, unter dem die Nistschale völlig verschwindet. Andere sind in dieser Beziehung sehr träge und schaffen nur wenige Halme zum Nest. Unter Umständen legt die Täubin auch in die blanke Nistschale. Zum Schutz der Eier sollte der Züchter einige Handvoll handlang geschnittener Strohhalme vor die Nistschale legen. Die Täubin wird sofort mit dem Nestbau beginnen, indem sie von der Nistschale aus die einzelnen Halme in das Nest zieht.

Einige Tage vor der Eiablage der Täubin beginnt der Täuber mit dem Treiben seiner Täubin. Er treibt sie vor sich her, hackt auf sie ein und läßt ihr keine Ruhe, bis sie die Nistzelle oder das Nest aufgesucht hat. Selbst bei der Futteraufnahme wird sie gestört. Den Grund dieses Verhaltens hat noch niemand erforscht. Wird ein Paar einzeln gehalten, so unterbleibt das Treiben. Ist es Eifersucht, die den Täuber veranlaßt,

Flugtippler bei der Brut.

seine Täubin nicht aus den Augen zu lassen, um einen Fehltritt und eine fremde Vaterschaft zu vermeiden?

In normalen Fällen legt die Täubin das erste Ei etwa 10 bis 12 Tage nach dem ersten Tretakt. Das zweite Ei folgt am übernächsten Tag. Am 18. Tag nach dem Legen des zweiten Eies erfolgt der Schlupf. Im Gegensatz zu den Hühnern, bei denen das Küken kurze Zeit nach dem Anpicken der Eischale schlüpft, vergehen bei den Tauben vom Anpicken der Eischale bis zum Schlupf mitunter 24 Stunden. Das Hühnerküken bricht ein Loch in die Eischale und sprengt diese von hier aus in gleicher Höhe. Das junge Täubchen pickt kein Loch. Es bricht die Eischale nur an. Die angebrochene Linie verläuft ein kleines Stück seitlich, anschließend schräg nach oben und von hier aus wieder rund um die Eischale, um dort den Deckel abzustoßen. Das ist der normale Verlauf. Es kommt aber auch vor, daß das Täubchen sofort ein Loch bricht, in das die Spitze des Schnabels gepreßt ist. Dadurch ist das Täubchen gehindert, sich in der Schale zu drehen. In den meisten Fällen steckt es am nächsten Tage tot in der Schale. Es mag sein, daß der nicht eingesogene Dottersack noch zu groß war und daher das Drehen des Körpers in der Schale verhinderte. Das Tierchen würde auch verloren ge-

Ein gesundes Jungtier will zur Welt. Man erkennt deutlich mehrere Pickstellen.

Anormaler Schlupf: Das Ei ist am spitzen Ende angepickt; außerdem ist das gefürchtete „Fensterchen" entstanden.

Hat man den Kopf hervorgezogen, läßt man das Hinterteil noch in der Schale, damit der sog. Dottersack sich noch einziehen kann.

Das sog. Deckelchen springt auf.

Jungtier, etwa 10 Tage alt.

Jungtier, ca. 15 Tage alt.

wesen sein, wenn es die Schale gesprengt hätte. Es könnte aber auch sein, daß die Eihaut zu zäh und an den Körper geklebt war und somit eine Drehung unmöglich machte. In diesem Fall war nicht genügend Brutfeuchtigkeit vorhanden. Es kann versucht werden, die Schnabelspitze in die Eischale zurückzudrücken und die Eihaut durch die Öffnung mit Speichel zu befeuchten. Wenn das Tierchen nicht schon zu schwach war, wird es am nächsten Tag die Eihaut zerrissen und die Schale gesprengt haben.

Eine Geburtshilfe hat wenig Zweck. Auch erfahrenen Züchtern bringt sie selten Erfolg. Vorbeugen ist hier das sicherste Mittel. Die Zuchttiere dürfen nicht verfettet sein; auch sollten die Tauben bei trockenen Märzwinden viel Gelegenheit zum Baden bekommen. Im Gefieder verbleibt soviel Nässe, daß durch die Brutwärme genügend Feuchtigkeit auf die Eier übertragen wird.

Weitere Pflegemaßnahmen nach dem Schlüpfen habe ich in einigen früheren Abschnitten bereits angeführt.

Die Berücksichtigung der „Blutlinien"

Die praktische Zusammenstellung und Verpaarung der Zuchttiere habe ich bereits erläutert. Einem Taubenhalter, der nur seine Freude an schönen Tieren hat und sich nicht am züchterischen Ausstellungswettbewerb beteiligt, werden Abstammungen und Blutlinien seiner Zuchttiere wenig interessieren. Anders dagegen der Rassetaubenzüchter, der mit seinen Tieren die Schauen beschickt und daher bestrebt sein wird, hier auch Erfolge zu erzielen. Er kann Zufallserfolge haben. Ob er aber mit seiner Zucht dauernde Erfolge hat, ist sehr fraglich. Mancher glaubt, aus zwei Spitzentieren nur Spitzenqualität zu züchten, ohne die Blutlinie der Elterntiere zu kennen. Mitunter mag er Glück haben, wenn die Elterntiere zusammenpassen. In diesem Fall soll er das Zuchtpaar, so lange es zuchtfähig bleibt, beisammenlassen, denn auf dieses Paar kann er seine gesamte Zucht aufbauen.

Es kann auch der Fall sein, daß aus zwei Spitzentieren nur minderwertige Nachzucht fällt. Vielleicht hat der Züchter beide Tiere auf der Schau gekauft, weil beide hochbewertet wurden. Sie paßten beide nicht zusammen; sie waren zueinander blutsfremd. Und gerade auf das „Blutsfremde" schwören viele Züchter – anfangs auch ich selbst – und kommen niemals zu dauernden Erfolgen.

Ich darf hier ein Erlebnis anführen, das bald 40 Jahre zurückliegt: Ein mir bekannter Züchter, der mit seiner Rasse nicht weiterkam, kaufte sich auf der Hannoverschen Junggeflügelschau ein Paar einer anderen Rasse, beide Tiere mit einem Ehrenpreis bewertet. Als ich ihm erklärte, aus diesem Paar würden kaum Ausstellungstiere fallen, tippte er sich mit dem Finger an die Stirn. Und richtig, im nächsten Jahre bekam er auf die Nachzucht nur b-Noten. – Der Züchter, der mit einer Rasse anfängt, soll sich erstens den Standard der betreffenden Rasse einprägen. Zweitens soll er dem für die Rasse zuständigen Sonderverein beitreten. Hier bekommt er schon Aufklärung über die besonderen Eigenheiten der Rasse; hier findet er auch erfahrene Züchter, die ihm ein geeignetes Zuchtpaar zusammenstellen. Ein ehrlicher Züchter wird einen Anfänger immer gut beraten.

Hat ein Anfänger auf einer Schau wie Hannover oder der Nationalen für anständiges Geld ein Paar gekauft, deren Nachzucht nicht befriedigt, dann soll er auf keinen Fall die Zucht aufgeben und das verausgabte Geld als weggeworfen ansehen. Ich würde den gekauften Täuber an seine eigene Tochter und die gekaufte Täubin an ihren eigenen Sohn paaren. Natürlich sollten es die beiden besten Tiere der Nachzucht sein. Aus diesen Verpaarungen werden schon einige annehmbare, mitunter auch schon prima Tiere fallen. Natürlich werden auch Tiere fallen, die auf die minderwertigen Elterntiere zurückschlagen. Diese sind auszumerzen. Um die Blutanteile der guten Elterntiere in der Nachzucht zu erhöhen, wird an den Ausgangstäuber dessen Enkelin und an die Täubin deren Enkel gepaart. Der Züchter hat somit schon verschiedene, miteinander verwandte Linien, um seinen Stamm aufzubauen. Er kann ohne Bedenken die Nachzucht aus der Linie des gekauften Täubers und jene aus der gekauften Täubin miteinander paaren. Es werden immer wieder Tiere fallen, die auf die erste minderwertige Nachzucht zurückschlagen; aber sie werden selten überwiegen. Minderwertige Tiere kommen auch in den besten Zuchten zum Vorschein.

Durch die Verpaarung von Vater und Tochter bzw. Mutter und Sohn bin ich zu guten Erfolgen gekommen. Bei der Verpaarung von Geschwistern waren die Erfolge unterschiedlich. Bei einigen fielen in der Nachzucht nur hochwertige Ausstellungstiere, bei anderen waren die Täuber erstklassig, die Täubinnen miserabel. Und ein Paar brachte einen hochfeinen Täuber, der in Frankfurt auf der Nationalen ein Siegerband erhielt, sonst aber nur noch Schlachtware. Bei Geschwisterpaarungen gibt es vorwiegend Rückschläge auf viele frühere Generationen. Es kommen wohl fast sämtliche Vorfahren in der Nachzucht zum Vorschein. So stellte ich einen schokoladebraunen Bastard aus Rot und Schwarz an Rot. Die gesamte Nachzucht war rot. Nach genau 20 Jahren lag zum erstenmal wieder ein brauner Bastard im Nest. Ich hatte in den ganzen 20 Jahren kein schwarzes Tier mehr im Schlag gehabt. Ein Fehltritt war daher ausgeschlossen.

Von vielen Züchtern wird die Inzucht abgelehnt, ja der Niedergang mancher Rassen wird der Inzucht zugeschrieben. Auch ich habe am Anfang meiner züchterischen Tätigkeit jede Inzucht ängstlich vermieden, zumal immer gesagt und geschrieben wurde, schwere Rassen würden durch die Inzucht an Gewicht verlieren. Vom Gegenteil mußte ich mich überzeugen, als zwei Geschwister der ersten und zweiten Brut sich im Herbst heimlich gepaart und ihr Nest auf dem Heuboden versteckt angelegt hatten. Als ich es fand, lagen zwei gesunde Junge im Nest, denen ich nur noch soeben Ringe aufziehen konnte. Sie waren gesund und zeigten überhaupt keine Spur von Schwäche. Trotz der späten Brut wurden es erstklassige Tiere, die auch in den übrigen Rassemerkmalen weit besser waren als die bisher gezüchteten. In den folgenden Jahren ist es mir dann gelungen, durch Inzucht die Größe und Schwere der Tiere zu verbessern.

Nachteilig wirkt sich die Inzucht aus, wenn die Ausgangstiere nicht einwandfrei sind. Sie sollen in rassischer Beziehung ohne Mängel und vor allen Dingen völlig gesund sein. Tiere, die Krankheiten überstanden haben, dürften ebenfalls ungeeignet sein. Durch die Inzucht sollen die guten Merkmale und Eigenschaften der Elterntiere in den Tieren der Nachzucht gehäuft, die schlechten dagegen zurückgedrängt werden. Sind die Elterntiere für einige Krankheiten besonders anfällig, werden es die Jungen in vermehrtem Maße sein. Das alles hat der Züchter bei der Zusammenstellung der Zuchtpaare zu berücksichtigen. Mit einem erstklassigen Zuchtpaar kann er die verschiedenen Blutlinien aufbauen, und wenn er Zuchtlisten führt, wird er bald feststellen, daß sämtliche Tiere seines Bestandes miteinander verwandt sind. Die Lebenskraft der Jungen wird durch die Inzucht nicht geschwächt, wenn die Elterntiere ebenfalls gesund sind. Wenn der Züchter die Abstammung eines jeden Tieres der verschiedenen Blutlinien und die Vorzüge eines jeden einzelnen Vorfahren in seiner Zuchtliste festgehalten hat, wird er nur noch selten Rückschläge in seiner Zucht erleben.

Durch die erwähnte Inzuchtmethode werden Körpergröße, Körperform und bei einfarbigen Tieren auch die Farbe in der Nachzucht gefestigt, so daß Abweichungen kaum noch vorkommen. Dagegen ist die Vererbung der verschiedenen Zeichnungen anderen Erbgesetzen unterworfen. Auch bei besten Blutlinien und einwandfrei gezeichneten Vorfahren werden in der Nachzucht immer wieder neben vorschriftsmäßigen Zeichnungen auch mehr oder weniger abweichende zum Vorschein kommen. So kennen wir bei den Farbentauben zu große und zu kleine Kopfzeichnungen, bei den Mönchen zu tiefe und zu hohe Kopfschnitte, bei den Weißschlägen zu viele oder zu wenige weiße Schwingenfedern, bei blaugehämmerten Farbenschlägen zu dunkel- und zu hellgehämmerte Zeichnung usw. Bisher wurde empfohlen, in diesen Fällen eine Ausgleichspaarung vorzunehmen, d. h. zwei Tiere mit entgegengesetzten Zeichnungsmängeln zu paaren, um auf die goldene Mitte zu kommen. Wenn bei diesen Verpaarungen die gewünschten Erfolge eintreten sollten, dann nur, weil unter den Vorfahren einwandfrei gezeichnete Tiere waren. Ich selbst hatte nur Gelegenheit, bei blaugehämmerten Tieren Versuche anzustellen. Es ist mir nicht gelungen, auf Anhieb aus Dunkel- und Hellblaugehämmert nur einwandfrei gehämmerte Tiere zu züchten. Die Mehrzahl der Nachzuchttiere war dunkelgehämmert, nur vereinzelt fiel ein einwandfreies Tier. Einwandfrei gehämmerte Tiere waren auch vereinzelt in der Nachzucht von zwei dunkelgehämmerten Partnern vorhanden. Ich nehme daher an, daß diese vereinzelten Tiere Rückschläge auf einwandfreie Vorfahren sind. Ausgleichspaarungen sind wohl nur bei den Schimmelfarben erforderlich.

Bei Schautauben, Mondain und Dragoon werden die Jungtiere zu hell, wenn beide Elterntiere schimmelfarbig sind. Ein Elterntier muß daher immer einfarbig sein. In der Nachzucht sind beide Farben vorhanden. Bei den übrigen gezeichneten Rassen, besonders bei denen mit reinweißen Gefiederteilen, halte ich eine Ausgleichspaarung für zwecklos. Ein besserer Erfolg ist zu erwarten, wenn ein Elterntier einwandfrei gezeichnet ist. Somit kann eine Blutlinie entstehen, bei der in jeder Generation einwandfreie Tiere nachgewiesen werden können.

Sämtliche Vererbungsmöglichkeiten und Vererbungsgesetze hier anzuführen ist mir nicht möglich. Dem interessierten Leser empfehle ich das Werk „Vererbung bei Hühnern und Tauben" von Fr. Regenstein, das im gleichen Verlag erschienen ist. Jungen Taubenzüchtern möchte ich das Heft über „Zuchtbuchführung in der Taubenzucht" von Erich Rublack empfehlen. Es ist ebenfalls vom gleichen Verlag zu beziehen.

Ein Tier mit fehlerhafter Zeichnung kann trotz seines Fehlers für die Zucht sehr wertvoll sein. Ein erfahrener Züchter wird daher nicht sämtliche Tiere mit Zeichnungsfehlern ausmerzen, sondern sie nach Bedarf in seiner Zucht verwenden, weil er eben die Abstammung der einzelnen Tiere kennt. Die nicht benötigten Tiere soll der Züchter schlachten und nicht verschenken. Verschenkte Tiere erscheinen in 90 von 100 Fällen auf einer Schau, auch wenn das Versprechen gegeben wurde, sie nicht auszustellen. Die Herkunft der Tiere wird lauthals verbreitet, der Kaufpreis wohlweislich verschwiegen. Ich selbst habe diese Fälle einige Male erlebt. Zur Vorsicht kneife ich den Tieren, die ich verschenken will, vorher die Ringe ab.

Die Krankheiten der Tauben

Wie jede Tierart (Säugetiere und Geflügel), so werden auch unsere Tauben von verschiedenen Krankheiten befallen. Die Zahl der Taubenkrankheiten ist nicht klein. Wir befinden uns aber heute in der glücklichen Lage, jede Krankheit durch Untersuchungen festzustellen und durch entsprechende Medikamente bekämpfen zu können. Trotzdem ist es leichter, Krankheiten vorzubeugen als zu heilen. Daher soll der Züchter in erster Linie vorbeugende Maßnahmen treffen, um seine Tauben bei bester Gesundheit zu erhalten.

Gesunde, abgehärtete Tauben sind weit weniger anfällig gegen Krankheiten als verweichlichte, die unter Bedingungen zu leben haben, die ihnen nicht zusagen. Entsprechende Umweltbedingungen sind in erster Linie gesunde, helle, luftige und saubere Schläge, in denen Krankheitserreger keinen Nährboden finden. Die Schläge dürfen nicht übervölkert sein. Nur gesundes, trockenes, abgelagertes Getreide soll verfüttert werden. Muffig riechende oder mit Schimmelpilzen behaftete Körner sind Gift für unsere Tauben. Nicht wenige Krankheiten entstehen durch nicht einwandfreies Futter oder durch nicht zweckmäßige Fütterung. Besondere Aufmerksamkeit erfordern die in Volieren gehaltenen Tauben. Der Züchter muß bestrebt sein, diesen Tauben all jene Stoffe zu ersetzen, die sie im Freiflug finden würden. Besonders ist der Erdboden der Voliere zu pflegen. Öfteres Umgraben und Kalken ist erforderlich. Notfalls ist er in Spatentiefe auszuheben und durch frische Erde zu ersetzen.

Gesunde Tauben sind lebhaft, zeigen ein glattes Gefieder und glänzende Augen. Hocken Tauben mit gesträubtem Gefieder teilnahmslos in Ecken und auf Sitzplätzen und sind ihre Augen trübe, dann sind sie sofort aus dem Bestand zu entfernen. Sie leiden bestimmt an irgendeiner Krankheit. Sie sind zu isolieren. Dabei ist der Kot zu beachten. Sind diese Tiere innerhalb einiger Tage nicht wieder in Ordnung, dann sollte der Züchter nicht lange mehr auf Besserung warten, sondern ein Tier dem zuständigen Tiergesundheitsamt zur Untersuchung übersenden. Hier wird die Krankheit festgestellt, und es werden ihm die erforderlichen Medikamente mitgeteilt, die heute von jedem Tierarzt zu beziehen sind.

Nur schnelles Handeln schützt den Züchter vor weiteren Verlusten, denn wenn ein Tier erkrankt ist, können sich schon weitere infiziert haben. Es ist falsch, wenn der Züchter eine Krankheit vermutet und Medikamente einsetzt, die vielleicht im freien Handel zu beziehen sind. Ich will durchaus nicht den Wert der angebotenen Mittel bezweifeln, aber bei verschiedenen Krankheiten treten die gleichen Erscheinungen zutage, bei denen verschiedene Behandlungsweisen und Medikamente erforderlich sind. Also zuerst die Krankheit feststellen lassen und dann behandeln, wenn der Befund ergeben hat, daß Aussicht auf Gesundung besteht! Bei einigen Krankheiten wird sich die Behandlung wegen der verschiedenartigen Medikamente sehr kostspielig gestalten, oder sie ist mit umständlichen Arbeiten verbunden. In diesem Fall sollte der Züchter überlegen, ob er nicht günstiger fährt, wenn er die erkrankten Tiere tötet, besonders wenn sie nicht wertvoll sind. Töten ist mitunter die billigste Medizin.

Noch vor 50 Jahren lag die Geflügelheilkunde bei uns im argen. Die Ausbildung der Tierärzte beschränkte sich vorwiegend auf die Behandlung von Pferde-, Rinder- und Schweinekrankheiten, selten schon auf Hundekrankheiten. Von einem mir bekannten Hühnerzüchter holte sich ein Tierarzt Rat, dessen Hühner krank waren. Kurz nach dem ersten Weltkrieg zeigte ich eine abgemagerte Taube einem Tierarzt, der selbst Taubenzüchter war. Er wußte nicht mehr als ich; es war die sog. „Darre". Darrepillen gab es damals zu kaufen. Mitunter wirkten sie, meistens aber nicht. Es gibt eben viele Taubenkrankheiten, die eine Abmagerung zur Folge haben. Heute sind fast sämtliche Taubenkrankheiten erforscht, und die Ausbildung der Tierärzte ist auf die Behandlung der Geflügelkrankheiten erweitert. Auch die Tiergesundheitsämter sind heute in der Lage, jede Geflügelkrankheit genau festzustellen. Auch die gegen die verschiedenen Krankheiten verordneten Medikamente werden laufend verbessert. Bis heute ist eine umfangreiche Literatur über Geflügelkrankheiten erschienen. Ich möchte mich daher darauf beschränken, die wichtigsten und häufigsten Taubenkrankheiten hier anzuführen.

Tauben werden am häufigsten von Infektions- und Invasionskrankheiten befallen. Infektionskrankheiten entstehen durch Viren, Bakterien und Pilze, die durch beschmutztes Futter und über das Trinkwasser in den Verdauungskanal oder durch Staub in die Atmungsorgane der

Taube gelangen. Invasionskrankheiten werden durch Haut- und Gefiederparasiten und durch Eingeweideschmarotzer verursacht. Seltener und nicht seuchenhaft auftretend sind Organ- und Vitaminmangelkrankheiten, Stoffwechselstörungen und Vergiftungen. Nicht selten werden Tauben auch von mehreren Krankheiten zugleich befallen. So schwächen Eingeweideschmarotzer ein Tier derart, daß es für Infektionskrankheiten anfällig wird, weil der Körper gegen eingedrungene Erreger keine Abwehrstoffe bilden kann. Infektionskrankheiten sind die gefährlichsten Krankheiten, weil sie durch die Erreger übertragen werden und daher seuchenhaft auftreten.

Wohl die gefährlichste aller Infektionskrankheiten ist die Ornithose, gefährlich, weil sie auf den Menschen übertragbar ist. Gefährlich auch deshalb, weil sie vom Züchter nur in hartnäckigen Fällen beachtet wird. So hat sie mancher Züchter in seinem Bestand, ohne es zu ahnen. Er schickt daher leicht erkrankte Tauben ahnungslos zur Schau und verursacht eine weitere Verbreitung der Krankheit. Da die Erreger durch Staub verbreitet werden, sind auf Schauen Preisrichter und Besucher der Gefahr einer Infektion ausgesetzt. Nach den AAB V 11 ist nur staubfreies Material als Käfigeinstreu zu verwenden. Trotzdem finden wir in den Käfigen immer noch, besonders auf kleineren Schauen, Torf oder Sägemehl.

Die äußeren Anzeichen einer Erkrankung an Ornithose sind verschieden. Ein sicheres Zeichen ist in erster Linie eine einseitige Entzündung der Augenbindehaut in mehr oder minder starker Form. Mancher Züchter betrachtet diese Entzündung als eine harmlose Erkältung. Weitere Anzeichen sind Röchelschnupfen und Nasenkatarrh. Gleichzeitig werden auch innere Organe in Mitleidenschaft gezogen. Die Erreger befinden sich im Kot und in den eitrigen Ausscheidungen der entzündeten Augen und Nasen. Nach dem Eintrocknen sind sie im Staub lange lebensfähig.

Während Nestjunge in den meisten Fällen eingehen, überstehen ältere Tiere die Krankheit. Augenentzündungen heilen schließlich ab. Sind innere Organe befallen, bleibt eine leichte Abmagerung bestehen. Auch wenn diese Tiere wieder gesund erscheinen und Freßlust zeigen, sind es in den meisten Fällen Dauerausscheider, die oft noch durch eine verblaßte Augenfarbe auffallen. Nicht selten kommt es vor, daß Tiere beiderlei Geschlechts, die die Krankheit überstanden haben, überhaupt keinen Geschlechtstrieb mehr zeigen. Auch sie werden wahrscheinlich Dauerausscheider sein.

Eine Behandlung mit Aussicht auf Erfolg beansprucht eine Zeit von drei Wochen. Sie ist mit hohen Kosten verbunden, weil sie unter Aufsicht eines Tierarztes durchgeführt werden muß. Eine Behandlung dürfte sich daher nur bei sehr wertvollen Tieren lohnen. Will der Züchter diese Kosten vermeiden, kann er versuchen, einen immunen Stamm aufzubauen.

Sobald durch Untersuchung festgestellt ist, daß es sich um Ornithose handelt, müssen sämtliche kranke und abgemagerte Tiere ausgemerzt werden. Nur jene Tiere, die von der Krankheit nicht befallen wurden, werden zum Wiederaufbau der Zucht behalten. Dabei ist der Schlag in Abständen von einigen Tagen gründlich zu säubern und zu desinfizieren. Da sich die Erreger im Staub aufhalten, sind Wände, Decken und Nistzellen sowie Futtertröge ebenfalls mit zu säubern.

Da die Erreger über Trinkwasser, mit Kot behaftetes Körnerfutter und durch Staub in den Verdauungskanal oder in die Atmungsorgane gelangen, wird die Krankheit auf den Menschen durch eingeatmeten Staub übertragen. Erkrankt ein Mensch an Ornithose, ist die Krankheit anzeigepflichtig. Das zuständige Ordnungsamt ordnet die Tötung des gesamten Taubenbestandes an, wenn in diesem durch den Amtstierarzt die Ornithose festgestellt wird. Leider wird der größte Teil der Krankheitsfälle nicht erfaßt, weil sie von vielen Züchtern als eine Erkältungskrankheit angesehen wird. Auch ahnt er nicht, in welcher Gefahr er selbst schwebt. Noch vor einigen Jahren starb ein mir bekannter Tierarzt an dieser Krankheit.

In vielen Fällen wird die Krankheit als ein Grippefall angesehen. In hartnäckigen Fällen treten jedoch Symptome einer Lungenentzündung mit starkem Stechen in der Brust und gleichzeitigen Glieder-, Rücken- und Kreuzschmerzen bei hohem Fieber auf. Erkrankte Personen sind unbedingt ärztlich, besser noch im Krankenhaus stationär zu behandeln. Da ich selbst schon zweimal diesen Anfall erlebt habe, nehme ich beim Richten auf einer Schau kein Tier mehr in die Hand, das mit einer einseitigen Augenentzündung behaftet ist.

Wegen der Gefahr für den Menschen möchte ich empfehlen, beim Ausbruch dieser Krankheit den gesamten Taubenbestand zu töten.

Weit mehr als die Ornithose bekannt und gefürchtet ist der **Paratyphus**, der ebenfalls, aber seltener auf den Menschen übertragen werden kann. Er kann in einem Bestand vereinzelt oder auch seuchenhaft auftreten. Bei einem seuchenhaften Ausbruch liegen Nestjunge ohne vorhergehende Krankheitserscheinungen plötzlich verendet im Nest. Danach erkranken auch Alttiere. Sie fressen wenig, trinken viel, sitzen mit gesträubtem Gefieder teilnahmslos auf ihren Plätzen und magern rapide ab. Bald stellen sich Flügel- und Beinlähme ein. An Flügel- und

Beingelenken bilden sich Geschwülste. Während Jungtiere fast sämtlich eingehen, verendet nur ein Teil der Alttiere. Letztere können Dauerausscheider bleiben. Andere, die die Krankheit überstanden haben, bleiben auf die Dauer immun gegen eine Neuansteckung. Dauerausscheider bilden eine große Gefahr für gesunde Bestände, wenn sie von gewissenlosen Züchtern abgegeben werden. Hervorgerufen wird die Krankheit durch Bakterien (Salmonellen). Die Übertragung erfolgt in verschmutzten Schlägen, auf Ausstellungen, in durchlässigen Reisekörben usw. durch direkten Kontakt von Taube zu Taube, durch den Kot, auch von Ratten, Mäusen und anderen Nagern, selbst durch den Menschen (Taubenkot an den Schuhsohlen!) u. a. m.

Erkrankte Tiere scheiden die Erreger mit dem Kot aus. Die Infektion erfolgt durch mit Kot beschmutztes Futter. Salmonellen bleiben im trokkenen Kot monatelang lebensfähig. Daher soll der Züchter den Schlag dauernd sauberhalten und wiederholt desinfizieren. Heute hat der Paratyphus seinen Schrecken keineswegs verloren, doch hat jeder Tierarzt die entsprechenden Medikamente, um die Krankheit mit Erfolg zu bekämpfen. In nicht wenigen Fällen entstehen durch die Krankheitsherde Veränderungen an inneren Organen, so besonders am Eileiter der Täubin und am Hoden des Täubers, so daß diese Tiere, obwohl sie gesund und lebhaft erscheinen, nicht mehr zur Brut schreiten.

Eine weitere, sehr häufig auftretende Krankheit ist der **Gelbe Knopf**. Bis vor etwa 40 Jahren wurde er mit der Diphtherie verwechselt. Die Erreger sind sog. Geißeltierchen, die sich auf den Schleimhäuten festsetzen und ausdehnen. In vielen Fällen beherbergen Alttiere die Erreger, ohne krank zu erscheinen. Durch die Kropfmilch werden die Jungen infiziert. Vorwiegend bilden sich bei diesen Beläge auf der Schleimhaut im Schnabelwinkel. Wenn Teile von Futterbrei auf den Boden der Nistschale gelangen, setzen sich Erreger auch am Nabel eben geschlüpfter Jungtiere fest und gelangen von hier aus in die Bauchhöhle. Der sich hier sehr schnell vergrößernde Herd schimmert als eine gelbe Masse durch die Bauchwand. Krankheitsherde bilden sich ebenfalls im Kropf und an den inneren Organen. Jungtiere, bei denen sich die Erreger nur auf der Rachenschleimhaut festgesetzt haben, können gerettet werden, sofern sie noch nicht allzusehr geschwächt sind, wenn sofort mit der Behandlung begonnen wird. Die Beläge werden mit einem stumpfen Spatel (Holzstäbchen) entfernt, die blutenden Stellen mit einer stärkeren Lösung des Medikaments als die, die mit dem Trinkwasser verabreicht wird, betupft. Sollten sich am nächsten Tag erneut Beläge zeigen, wird die Behandlung wiederholt. Zugleich ist aber der ganze Bestand mit dem vom Tierarzt verordneten Medikament zu behandeln, das den Tieren über das Trinkwasser zugeführt wird. Vereinzelt werden auch erwachsene Jungtiere von dieser Krankheit befallen, besonders in den feuchten Herbstmonaten.

Die Erreger sind nicht lange lebensfähig. Die Ansteckung erfolgt über das Trinkwasser, das deshalb bei jeder Fütterung erneuert werden sollte. Die größten Gefahrenquellen sind jedoch verschmutzte Dachrinnen. Tauben, die diese Krankheit überstanden haben, sind gegen eine Neuinfektion immun.

Eine weitere Krankheit, an der Tauben selten verenden, bei der sie auch Junge hochbringen, ist die Kokzidiose. Gefährlich wird sie, wenn die Tauben durch starken Befall geschwächt und dadurch anfällig für andere Krankheiten werden. Mit dem Kot infizierter Tiere werden die Erreger (Oozysten) ausgeschieden. Die Oozysten versporen sich nach einer Reifezeit von etwa vier Tagen im Freien und werden von diesem Zeitpunkt an den Tauben wieder gefährlich. Sie gelangen mit dem Futter erneut in den Körper der Taube und entwickeln sich hier zu geschlechtsreifen Kokzidien. Erkrankte Tiere trinken unnormal viel. Daher tritt sehr starker Durchfall auf, bei dem der Kot in einer großen Wasserlache schwimmt. Angesichts des Ausmaßes dieses Durchfalls ist es dem Züchter nicht möglich, den Fußboden des Schlages trocken zu halten. An Kokzidiose infizierte Tauben habe ich viel auf Schauen angetroffen. Hier war die Käfigeinstreu völlig durchnäßt. Auch wenn aus Trögen gefüttert wird, läßt es sich nicht vermeiden, daß die Tauben auf dem Fußboden herumpicken oder die Erreger im Freien wieder aufnehmen.

Die Gefahr einer Neuinfektion kann gemindert werden, wenn der Schlag täglich gesäubert wird. Die Medikamente werden den Tieren durch das Trinkwasser zugeführt. Doch gleichzeitig muß der Boden des Schlages desinfiziert werden, um Neuinfektionen zu vermeiden. Leider sind die Oozysten sehr widerstandsfähig. Daher sind nur wenige, besonders starke Lösungen zur Desinfektion geeignet. Sehr wirksam ist ein tägliches Abflammen des Bodens und der Nistzellen mit einer Lötlampe, doch nur, wenn keine Brandgefahr besteht! Mir ist ein Fall bekannt, in dem durch unvorsichtiges Abflammen eine Scheune in Flammen aufging. Anschließend schaltete sich der Staatsanwalt ein, und der Besitzer war von seiner Taubenzucht kuriert.

Die Diphtherie, auch Pockendiphtherie genannt, tritt selten seuchenhaft auf. Ich habe schon erlebt, daß ein Nestjunges erkrankte, das andere aber völlig gesund blieb. Es bilden sich auf der Rachenschleimhaut entweder Beläge oder an der äußeren Haut, besonders am

Schnabel und an den Augenrändern, pockenartige Geschwüre. Besonders begünstigt wird das Auftreten der Krankheit an warmen, schwülen Tagen in muffigen Schlägen ohne ausreichende Frischluftzufuhr. Die Krankheit ist selbstverständlich ansteckend, doch nicht in dem Maße wie die vorgenannten, vor allem nicht wie der Paratyphus und die Ornithose. In den letzten Jahren ist mir kein Fall dieser Krankheit bekannt geworden. Auch diese Krankheit ist durch Medikamente zu bekämpfen und durch Schutzimpfungen zu verhüten.

Außer den vorgenannten sind noch eine Anzahl weiterer Krankheiten bekannt, die aber seltener auftreten. Es gibt verschiedene Werke, die jede Krankheit ausführlich behandeln und die auch die für jede Krankheit wirksamen Medikamente anführen. Die Verlage der Fachpresse werden sie jedem interessierten Leser vermitteln.

Um sich vor den hauptsächlichsten Krankheiten zu schützen, sollte der Züchter jährlich zweimal, und zwar vor Zuchtbeginn und nach vollendeter Mauser, seinen Bestand einer vorbeugenden Kur unterziehen. Da die Antibiotika nicht nur die krankheitserregenden, sondern auch die lebensnotwendigen Bakterien im Körper der Tauben vernichten, ist anschließend an die Kur ein Vitaminstoß erforderlich. Der Vitaminbedarf kann schon durch frischen Medizinallebertran bei gleichzeitiger Verabreichung von frischem Grünfutter gedeckt werden. Immer aber sollte sich der Züchter einprägen, daß seine Tauben bei gesunder Haltung und Fütterung wenig empfänglich für Krankheiten sind und bei etwaigen Infektionen genügend Abwehrstoffe im Körper gebildet werden, die den Ausbruch einer Krankheit verhindern.

Bei der Reinigung des Schlages sollten Ecken und Winkel nicht übersehen werden. Hier häufen sich leicht Schmutz und Kot, die bald verrotten und ideale Brutstätten für Krankheitserreger und Ungeziefer bilden. Die tägliche Reinigung des Fußbodens und der Nistzellen erfüllt nicht ihren Zweck, wenn Ecken und Winkel nicht gründlich mit erfaßt werden.

Wenn im allgemeinen empfohlen wird, die Taubenunterkunft vor Beginn und nach Beendigung der Zuchtzeit gründlich zu säubern und zu desinfizieren, so möchte ich doch empfehlen, auch in der Zwischenzeit wenigstens den Fußboden der Unterkunft wiederholt mit heißer Sodalauge zu reinigen. Wenn auch der anfallende Kot täglich abgekratzt und zusammengefegt wird, so werden dadurch doch nicht sämtliche sich eingenistete Krankheitserreger erfaßt und entfernt. Wirksamer als Soda ist eine zweiprozentige Natronlauge, die die Erreger verschiedener Infektionskrankheiten abtötet.

Ausdrücklich muß aber festgestellt werden, daß die meisten Desinfektionsmittel gegen Haut- und Gefiederschmarotzer nicht voll wirksam sind. Diese Plagegeister müssen während der Zuchtzeit ebenfalls laufend durch insektizide Spritzmittel bekämpft werden, indem bei jeder Fußbodensäuberung und bei jedem Auswechseln der Nesteinlage Nistzellen und Nistschalen besprüht werden.

Wenn bei dieser laufenden Vorsorge Tauben keine Gelegenheit haben, an Stellen heranzukommen, die Krankheitserreger enthalten, dann werden kaum Krankheiten auftreten. Zu beachten sind besonders die Dachrinnen. Auch wenn das Regenwasser abfließt, setzt sich in der Rinne eine Schmutzschicht ab, die, wenn sie eine bestimmte Dichte erreicht hat, in Fäulnis übergeht. Haben die Tauben diese Schicht erst wahrgenommen, suchen sie täglich die Dachrinne auf und picken in dem Schmutz herum. Daher sind auch die Dachrinnen laufend sauberzuhalten.

Die Invasionskrankheiten

Erreger der sog. Invasionskrankheiten sind die unterschiedlichen Arten der Außenparasiten und der Eingeweideschmarotzer.

Die Außenparasiten sind in zwei Arten unterteilt, in die Familie der Spinnen und der Insekten. Zu ersteren gehören u. a. die Rote Vogelmilbe und die Taubenzecke, zu letzteren Federlinge, Wanzen, Lausfliegen und Flöhe.

Die gefährlichsten Feinde unserer Tauben sind wohl die Rote Vogelmilbe und die Taubenzecke. Sie sind Blutsauger, befallen die Tauben nur während der Dunkelheit und verkriechen sich tagsüber in Ritzen und Fugen oder sonstige Schlupfwinkel, wo sie auch ihre Eier ablegen. Bei sehr starkem Befall finden wir die Rote Vogelmilbe auch am Tag auf dem Wirtstier, so besonders auf den Nestjungen und auf dem Boden der Nistschale unter der Einstreu. Diese beiden Arten und meine Erlebnisse mit ihnen habe ich bereits unter dem Absatz „Pflege der Tauben" angeführt.

Neben vielen anderen Parasiten tritt wohl der zur Gruppe der Insekten gehörende Federling am häufigsten auf. Er wird oft mit der Laus verwechselt. Federlinge halten sich dauernd im Wirtsgefieder auf und legen hier auch ihre Eier ab, die mit einem Sekret fest an die einzelnen Federn geklebt sind. Ausgereifte Federlinge und ihre Larven leben vorzugsweise von den Strahlen und Ästen der Federn. Ihre Anwesenheit auf dem Körper ist erwiesen, wenn die Schwingfedern durchlöchert erscheinen. Wenn wir das Halsgefieder einer Taube nach oben streichen, sind die sich sehr schnell bewegenden Parasiten mit bloßem Auge sichtbar. Sie sind mit insektiziden Stäubemitteln leicht zu bekämpfen. Da die im Gefieder haftenden Eier gegen die Bestäubungsmittel unempfindlich sind, ist die Behandlung in Abständen von etwa 10 Tagen zu wiederholen.

Speck-, Mehl- und Aaskäfer werden den Tauben nicht gefährlich, wenn der Schlag regelmäßig gereinigt wird. Die Käfer sind sehr fluggewandt. Sie legen ihre Eier in den Kot. Die geschlüpften Larven fressen die Nestjungen an und bohren tiefe Gänge in ihren Körper. Um den Larven die Lebensbedingungen zu nehmen, sollten die Kotkränze um die Nistschalen laufend entfernt werden. Da sich die Larven unter der Einstreu der Nistschale und auch unter der Nistschale selbst gern aufhalten, sind diese Flächen ebenfalls zu bestäuben.

Ein weiterer Hautparasit, der häufig vorkommt und viel mit der Zecke verwechselt wird, ist die Taubenwanze. Ihre Lebensweise gleicht der der Zecke. Neben Tauben befällt sie auch Hühner und Wassergeflügel, Sperlinge und Schwalben, von den Säugetieren neben Mäusen und Ratten auch Katzen und Hunde. Durch letztere kann sie leicht in Wohnungen eingeschleppt werden, wo sie auch dem Menschen lästig wird. Sie wird mit den gleichen Mitteln wie die Zecke bekämpft. Zur Vorsicht sollte sich die Bekämpfung gleichzeitig auf die Nebenräume des Taubenschlages erstrecken.

Zur Gruppe der Insekten gehört der Taubenfloh. Auf saubergehaltenen Schlägen kommt er nicht vor, weil er hier keine Lebensbedingungen findet. Jedoch dort, wo der Kot monatelang nicht entfernt wird, wo er auf dem Fußboden eine dicke, trockene Schicht bildet und wo die Nistzellen nicht gesäubert werden, kann er zur Plage werden. Bei massenhaftem Auftreten verlassen die Tauben Eier und Junge. Nestjunge verenden durch Blutverlust.

Durch blutsaugende Parasiten werden Erreger der Infektionskrankheiten übertragen. Bei massenhaftem Auftreten verbreiten sich verschiedene Arten, besonders Zecken und Wanzen, in die benachbarten Räume des Schlages, auch in Wohnräume, in denen sie in Möbeln und Bettmatratzen ideale Verstecke finden. Hier belästigen sie auch über Nacht den Menschen. Durch ihre Stiche entstehen anhaltender Juckreiz und Quaddeln. Daher soll der Züchter seine Schläge immer sauberhalten und von Zeit zu Zeit mit insektiziden Lösungen besprühen. Da die Kontaktgifte längere Zeit ihre Wirkung behalten, kommen die Parasiten nicht dazu, sich im Schlag anzusiedeln und sich zu vermehren.

Früher, als uns diese Mittel noch nicht zur Verfügung standen, war die Ungezieferbekämpfung weit umständlicher und unbequemer.

Die Eingeweideschmarotzer

Weit gefährlicher als die Außenparasiten sind die Eingeweideschmarotzer. Tauben werden besonders von Haar-, Spul- und Bandwürmern befallen. Würmer entziehen den Tauben Nährstoffe aus dem Darm. Durch ihre Saugwerkzeuge verursachen sie hochgradige Darmentzündungen, die starken Durchfall zur Folge haben. Die von Würmern befallenen Tiere werden stark geschwächt, magern ab und gehen schließlich an Erschöpfung zugrunde, wenn nicht rechtzeitig Gegenmaßnahmen eingeleitet werden.

Mit dem Kot verseuchter Tauben wird die Wurmbrut ausgeschieden. Einige Arten benötigen einen Zwischenwirt (Schnecken, Regenwürmer), um sich fortzupflanzen. Bei anderen Arten genügt es, wenn die Brut nach einer gewissen Reifezeit im Freien von den Tauben wieder aufgenommen wird. Auch wenn den Tauben das Futter in Trögen vorgesetzt wird, picken sie dennoch auf dem Boden herum und infizieren sich laufend. Besonders verheerend kann sich die Wurmseuche bei in Volieren gehaltenen Tauben auswirken. In den meisten Fällen sind Volieren überbesetzt, so daß kein Quadratzentimeter des Bodens unverseucht bleibt.

Wurmbrut bleibt in feuchtem Erdboden sehr lange lebensfähig und ist auch gegen Kälte nicht empfindlich. Dagegen wird sie durch Sonnenlicht und Austrocknung abgetötet.

Zur Abtreibung der Würmer kann der Tierarzt verschiedene Medikamente verordnen. Bei der Behandlung ist aber darauf zu achten, daß die Medikamente nicht überdosiert verabreicht werden, um Vergiftungen und Todesfälle zu vermeiden. Die intensivste Entwurmung wird ohne Erfolg bleiben, wenn nicht gleichzeitig die Wurmbrut vernichtet wird. Hier sind die gleichen Mittel angebracht wie bei der Bekämpfung der Kokzidiose. Beton- oder mit Mauerziegeln ausgelegte Böden in der Voliere und im Taubenhaus lassen sich besser behandeln als gewachsener Erdboden. Letzterer kann mit einer zehnprozentigen Kochsalzlösung intensiv durchtränkt werden, um die Wurmbrut abzutöten. Den gewachsenen Erdboden mit den verordneten Mitteln zu durchtränken, dürfte sich doch wohl recht kostspielig gestalten. Ein Umgraben des Erdbodens bringt keine Garantie, daß die gesamte Wurmbrut vernichtet wird. Besser würde es noch sein, wenn der Erdboden spatentief ausgewechselt wird. Trotzdem können dabei noch einige Wurmeier den Tauben zugänglich bleiben, so daß der Kreislauf der Verwurmung von neuem beginnt.

Von dem mit der Salzlösung durchtränkten Boden müssen die Tauben vorerst ferngehalten werden. Sie würden in ihrer Salzgier zuviel Erde aufnehmen und sich Vergiftungen zuziehen. Nachdem die Salzlösung in der Erde einige Tage gewirkt hat, so daß angenommen werden kann, daß die Wurmbrut restlos vernichtet ist, kann der Erdboden mit Wasser geschwemmt werden, um den Salzgehalt zu verdünnen oder aus dem Boden herauszuwaschen.

Manche Züchter, deren Tauben von Würmern oder der Kokzidiose befallen sind, halten ihre Tauben auf Drahtgeflecht, so daß sie mit dem Erdboden oder dem Fußboden des Taubenhauses nicht in Berührung kommen. Abgesehen davon, daß diese Haltung eine gründliche Reinigung oder Sauberhaltung sehr erschwert, ist sie doch widernatürlich. Wer will den Tieren die im Erdboden enthaltenen Mineralien und Spurenelemente ersetzen! Wie ich bereits erwähnte, bleibt die Wurmbrut in feuchter Erde sehr lange lebensfähig. Ein mir bekannter Hühnerhalter, dessen Herde einen ziemlich großen Grasauslauf hatte und der seit Jahren trotz Ausmerzung des gesamten Bestandes die Wurmseuche nicht los wurde, bekam vom Geflügelgesundheitsdienst die Empfehlung, den Auslauf für zwei Jahre nicht mehr zu benutzen. Und ein bekannter Rassegeflügelzüchter, der jahrelang die Hälfte seiner Nachzucht durch den Luftröhrenwurm einbüßte, wurde der Seuche Herr, nachdem er den Auslauf gewechselt hatte. Tauben zwei Jahre auf Drahtgeflecht zu setzen, betrachte ich als eine Tierquälerei. Dann lieber für einige Jahre die Zucht aufgeben.

Vergiftungen

Vergiftungen kommen vorwiegend bei freifliegenden und feldernden Tauben vor. Es können sein akute und chronische Vergiftungen. Bei akuten Vergiftungen tritt der Tod nach kurzer Zeit ein. Chronische Vergiftungen entstehen, wenn Giftstoffe wiederholt aufgenommen werden, besonders durch verdorbenes Futter. Sie führen ebenfalls zum Tode, wenn die Ursache nicht rechtzeitig erkannt und mit der gebotenen Konsequenz abgestellt wird.

Die meisten akuten Vergiftungen sind die sog. Feldvergiftungen. Sie entstehen durch Aufnahme künstlicher Düngemittel oder von gebeiztem

Saatgut. Steht den Tauben auf dem Schlag dauernd Kochsalz zur beliebigen Aufnahme zur Verfügung, nehmen die Tauben selten künstliche Düngemittel auf. Weit gefährlicher sind allerdings die chemischen Schädlings- und Unkrautbekämpfungsmittel. Da die Tauben auf verschiedene Unkräuter erpicht sind, bleibt eine Vergiftung nicht aus. Tauben picken gern die zarten Blätter der kleinen Runkelrübenpflanzen ab. In diesem Stadium werden heute die Rübenfelder zur Bekämpfung der Rübenblattfliege gespritzt. Auf diese Weise können spontan starke Verluste eintreten.

Neben diesen Vergiftungen, die vermieden werden, wenn die Tauben während der Zeit der Feldbestellungen festgehalten werden, können zufällige Vergiftungen, die durch Fahrlässigkeit des Züchters entstehen, eintreten. Besonders zu erwähnen sind die Giftkörner zur Bekämpfung von Mäusen und Ratten. Ebenfalls kann eine Überdosierung von Medikamenten zu Vergiftungen führen. Sollen Medikamente über das Trinkwasser verabreicht werden, sind nur emaillierte, Glas- oder Kunststofftränken zu verwenden. Bei Kupfer- und verzinkten Tränken können durch Medikamente stark giftige chemische Verbindungen entstehen.

Kochsalzvergiftungen können eintreten, wenn den Tauben auf dem Schlag Kochsalz zur beliebigen Aufnahme zur Verfügung steht. Wie schon erwähnt, töten bereits 5 g reines Kochsalz eine Taube. In den meisten Fällen vergiften sich salzhungrige Tauben an nicht sachgemäß hergestellten Taubensteinen, die mehr als 3% Kochsalz enthalten.

Eine Behandlung von an akuter Vergiftung erkrankten Tauben ist kaum möglich, weil der Tod zu schnell eintritt. Es ist auch selten festzustellen, um welche Gifte es sich handelt. Es kann versucht werden, den Kropfinhalt durch den Schnabel herauszumassieren und gleichzeitig Holzkohle, die die Gifte vielleicht bindet, einzugeben. Doch in den meisten Fällen wird jede Behandlung zu spät sein.

Vitaminmangelkrankheiten

Vitaminmangelkrankheiten sollten in einer ordnungsgemäß geführten Zucht nicht vorkommen. Sie entstehen durch nicht einwandfreies, vor allem aber durch einseitiges Futter. Anfällig sind dauernd eingesperrte oder in Volieren gehaltene Tauben. Im Freiflug gehaltene Tauben, die ins Feld fliegen oder die Gelegenheit haben, auf gewachsenem Erdboden im Garten herumzulaufen, werden selten von dieser Krankheit befallen. Voraussetzung ist die Fütterung eines vielseitigen Mischfutters.

Vitamin A und C werden im Körper gebildet; dagegen kann ein Mangel an Vitamin B, D und E zu Erkrankungen führen. Reich an Vitaminen sind Grünpflanzen sowie verschiedene Unkräuter. Ferner enthalten die Körner des Mischfutters die verschiedenen Vitamine, sofern nicht durch eine falsche Lagerung Vitaminverluste eingetreten sind. Denn eine Reihe von Vitaminen ist sauerstoff- und lichtempfindlich und also nicht beständig.

Am häufigsten tritt heute noch die Vitamin-D-Mangel-Krankheit auf, die hauptsächlich die Rachitis und die Knochenweiche verursacht. In fast jeder Saison habe ich als Preisrichter auf Schauen verkrümmte Brustbeine vorwiegend bei schweren Taubenrassen festgestellt. Ist dieser Mangel nicht durch Zeckenbefall in der Jugend verursacht, dann hat bestimmt ein Mangel an Vitamin D vorgelegen. Unsere schweren Taubenrassen werden vorwiegend in Volieren gehalten. Bei diesen wirkt sich ein Mangel an Vitamin D am ersten aus, besonders dann, wenn die Tiere nicht genügend der Sonne ausgesetzt werden. Wer es irgend ermöglichen kann, sollte seinen Volierentauben zeitweise freien Ausflug geben, der allerdings nur unter Aufsicht zu gewähren ist. Wenn sich die Tauben dabei im Garten bewegen können, finden sie dabei auf dem Erdboden die ihnen zusagenden Stoffe sowie auch vitaminreiches Grünzeug.

Ein vorzüglicher Vitaminspender ist frischer Medizinal-Lebertran, der auch die Sonnenstrahlen ersetzt. Er darf allerdings nur in geringen Mengen verabreicht werden, um den Tauben nicht den Appetit zu verderben. Eine Dosierung von 3 bis 5 Tropfen pro Tag und Taube genügt völlig. Der Lebertran wird täglich auf die Futterration geträufelt und mit den Körnern intensiv verrührt, so daß die einzelnen Körner wie schwach poliert erscheinen. Diese Mischung wird täglich eine Woche lang verabreicht. Anschließend wird die Lebertranzugabe für eine Woche ausgesetzt. Im wöchentlichen Wechsel gegeben, leistet er vorzügliche Dienste.

Leider ist der Lebertran nur begrenzt haltbar. Er ist vor Licht, Luft und Wärme zu schützen. Innerhalb weniger Tage verdirbt er, wenn er nicht kühl und luftdicht aufbewahrt wird. Ich bin davon überzeugt, daß die meisten Züchter ihren Tauben verdorbenen Lebertran verabreichen, weil ihnen die Empfindlichkeit des Lebertrans nicht bekannt ist. Aus Bequemlichkeitsgründen wird die Flasche auf dem Taubenboden aufbewahrt, um sie bei der Fütterung schnell zur Hand zu haben. Während der kalten Jahreszeit mag keine Gefahr bestehen, aber bereits wenige Wärmegrade werden ihm auf die Dauer gefährlich.

Verdorbener oder ranziger Lebertran verliert nicht nur seine beabsichtigte Wirkung, sondern er ist schädlich, weil er die im Tierkörper vorhandenen Vitamine abbaut oder vernichtet. Aus diesem Grunde wird er von den Apotheken in luftdicht zu verschließenden dunklen Flaschen abgegeben. Lebertran sollte nur in kleinsten Mengen gekauft werden. Eine 50-g-Flasche dürfte genügen. Er soll dem Körnerfutter täglich beigemischt werden. Es wäre also grundfalsch, einen Vorrat für mehrere Tage zu mischen. Ferner soll Lebertran entweder im Kühlschrank oder wenigstens in einem kühlen Keller aufbewahrt werden. Lebertran ist, sofern er frisch ist, für unsere Tauben sehr wertvoll. Dabei ist er verhältnismäßig billig.

Wer täglich frisches Grünfutter, besonders Salat, und vom Unkraut die wertvolle Vogelmiere füttert und seine Tauben während der Wintermonate mit frischem Lebertran versorgt, wird sie mit Erfolg vor einer Vitaminmangelkrankheit bewahren. Dabei sind die mit ausreichenden Vitaminen versorgten Tauben gegen Infektionskrankheiten widerstandsfähiger und weniger anfällig.

Verletzungen

Verluste durch Verletzungen sind nicht selten. Am häufigsten verletzen sich Tauben gegenseitig, wenn das schwächere Tier nicht ausweichen kann. Am meisten sind junge, noch nicht flügge Tauben gefährdet, wenn ein überzähliger Täuber im Schlag geduldet wird. Wenn sich die Elterntiere der Nestjungen außerhalb des Schlages befinden, zerhackt er den noch unbeholfenen Jungen die Kopfhaut und den Hinterhals. Die gleichen Verletzungen treten ein, wenn ein noch nicht flügges Jungtier aus der Nistzelle auf den Fußboden des Schlages fällt. Sofort stürzen sämtliche Täuber über das arme Tier her. Da das Tier schon laufen kann, versucht es, sich zu verkriechen. Findet es kein Versteck, wird es ebenfalls blutig gehackt. Die Täuber hacken sogar noch auf ihm herum, wenn es schon verendet ist. Nicht selten wird das Jungtier auch von alten Täubern getreten, wodurch die Wirbelsäule verletzt oder verbogen wird. In diesem Falle kann es nicht mehr auf den Beinen stehen. Es dauert Wochen, bis es wieder laufen kann, wird aber zeitlebens einen watschelnden Gang behalten.

Kann der Züchter rechtzeitig eingreifen, bevor die Tiere verblutet sind, heilen die Verletzungen verhältnismäßig schnell. In mehreren Fällen habe ich die Hautfetzen zusammengenäht, doch besaßen die wiedergewachsenen Federn nicht mehr ihre ursprüngliche Lage. Somit war das Tier für sein Leben gezeichnet.

Wenn sich eine Taube aus den Fängen eines Greifvogels befreien kann, erreicht sie mit mehr oder minder schweren Verletzungen ihren Schlag. In den meisten Fällen hat sie tiefe Risse im Brustfleisch. Diese Fleischwunden verheilen ebenfalls ziemlich schnell. Ist jedoch der Kropf zerrissen oder sind die Eingeweide verletzt, ist das Tier zu töten.

Ebenso schnell heilen Schußverletzungen, wenn innere Organe nicht verletzt sind, wodurch eine innere Verblutung eintreten kann. Bei einem Bekannten habe ich einmal eine Strassertäubin beobachtet, der der Lauf über dem Fuß abgeschossen worden war. Trotz ihres Stumpfes hat die Täubin noch jahrelang gezüchtet. Durch Steinwurf oder auch durch Schußverletzung können Brüche von Ober- oder Unterschenkel entstehen. Handelt es sich um einen glatten Durchschuß ohne Zersplitterung der Knochen, lassen sich die Brüche heilen. Die Knochenenden werden aneinandergepaßt und die ursprüngliche Lage wiederhergestellt. Daraufhin wird die verletzte Partie mit Watte umpolstert. Über dieses Polster werden einige Streichhölzer als Schienen gelegt. Das Ganze wird mit Heftpflaster fest umwickelt. Um das verletzte Tier zu schonen, wird es in einen Käfig gesetzt. Wird es im Schlag belassen, bleibt es nicht aus, daß das verletzte Bein strapaziert wird, wodurch die Heilung verzögert werden könnte. In der Regel sind Knochenbrüche nach etwa 14 Tagen verheilt.

Schwerfällig fliegenden Tauben kann eine Lichtleitung verhängnisvoll werden. Nicht wenige Strasser habe ich im Laufe der Jahre verloren, die gegen die Lichtleitung geflogen waren. Die meisten waren sofort tot oder gingen innerhalb kurzer Zeit an innerer Verblutung ein. Jene Tiere, die den Anprall überlebten, hatten gebrochene Flügelknochen. Obwohl gebrochene Flügelknochen im Oberarm zu heilen sind, habe ich die Tiere getötet, denn die Behandlung war mir doch zu umständlich. Auch bei dieser Verletzung müssen die Bruchenden aneinandergepaßt werden. Der Unterflügel wird mit Watte ausgelegt, der Flügel in Ruhestellung gebracht und durch eine Binde am Körper festgehalten. Damit die Binde nicht vom Körper abgleitet, wird sie mehrere Male über Kreuz gewickelt. Damit sich die Bruchenden nicht verschieben und der Flügel in der richtigen Lage verbleibt, ist eine Hilfsperson erforderlich, die das Tier beim Verbinden festhält. Handelt es sich um ein besonders wertvolles Tier, möchte ich doch empfehlen, die Behandlung durch einen Tierarzt vornehmen zu lassen, denn bei der geringsten Verschiebung der gebrochenen Knochen wird das Tier wohl kaum wieder flugfähig werden.

Andere Krankheiten

Verluste können ebenfalls durch nicht übertragbare Krankheiten entstehen. Sie treten allerdings, falls nicht durch Fütterungsfehler bedingt, nur vereinzelt auf.

Von den Erkrankungen der Verdauungswege ist die Darmentzündung die häufigste. Sie tritt als Begleiterscheinung der meisten Infektionskrankheiten und bei Befall durch Eingeweideschmarotzer auf. Auch kann sie durch verdorbenes Futter und durch Vergiftungen hervorgerufen werden. Tauben mit Darmentzündung leiden an Durchfall. Sie zeigen verminderten Appetit, trinken viel, magern ab und verenden an Entkräftung. Nicht selten gehen mit dem Kot unverdaute Körner ab. Die Ursache einer Darmentzündung kann nur durch eine Sektion festgestellt werden.

Erkrankungen des Magens treten selten in Erscheinung. Haben Tauben längere Zeit keine Gelegenheit, die zur Verdauung notwendigen Steinchen aufzunehmen, oder wird statt Körner- nur Weich- oder Preßfutter verabreicht, dann erschlafft die Magenmuskulatur. Mangel an Magensteinchen ist auch die Ursache, daß Tauben scharfe Fremdkörper verschlucken und der Magen dadurch verletzt wird. Scharfer, grober Sand, der fast durchweg aus kleinen Kieselsteinchen besteht, oder sonstiger Grit muß Tauben dauernd zur Verfügung stehen.

Kropferkrankungen, besonders Entzündungen, können durch Infektion oder durch verdorbene Futtermittel entstehen. Allgemein dürfte der Hängekropf bei Kröpfern bekannt sein. Wir können ihn oft auf Schauen bei großen Kröpfern beobachten. Der Hängekropf entsteht durch eine übermäßige Dehnung der Kropfhaut. Sie ist die Folge übermäßiger Futteraufnahme. Hungrige Tiere nehmen zuviel Futter auf. Das Gewicht der Futtermenge drückt den Kropf nach unten. Das aufgenommene Futter gelangt dabei nicht in den Kropfausgang. Es geht schließlich in Gärung über und verursacht die Entzündung der Kropfhaut. Dabei erschlafft die Kropfmuskulatur. Bei sofortiger oder rechtzeitiger Entleerung des Kropfes wird eine Entzündung vermieden. Das Tier wird dabei mit dem Kopf nach unten gehalten. Dabei wird mit der Hand das Futter durch den Schnabel aus dem Kropf massiert. Erfahrene Praktiker stecken einen sich überfressenden Kröpfer in einen Damenstrumpf und hängen ihn einen Tag mit dem Kopf nach oben auf. Der Strumpf preßt den Kropf zusammen. Der Kropfinhalt gelangt somit in den Magen. Diese Behandlung ist angebracht, bevor der Kropfinhalt in Gärung übergegangen und noch keine Entzündung eingetreten ist.

Führt die erwähnte Behandlung nicht zum Erfolg, muß notfalls das Futter durch den Kropfschnitt aus dem Kropf entfernt werden. Ich möchte aber empfehlen, den Kropfschnitt durch den Tierarzt vornehmen zu lassen. Wohl kann ein Laie den Schnitt ausführen und den Kropf entleeren. Dagegen wird dem Tierarzt das Schließen der Schnittwunde schneller und besser von der Hand gehen. Auch hat der Tierarzt die geeigneten Lösungen zur Hand, um den entzündeten Kropf auszuspülen. Das Ausspülen des Kropfes muß einige Tage lang wiederholt werden, bis die Entzündung abgeklungen ist. Die Taube ist isoliert zu setzen. Frisches Wasser muß ihr dauernd zur Verfügung stehen. Futter sollte in den ersten Tagen nicht verabreicht werden. Und wenn sie nach dieser Zeit das Futter noch immer verweigern sollte, besteht längst noch nicht die Gefahr des Verhungerns. Wenn die Taube ihren Durst stillen kann, kann sie eine Woche und noch länger ohne Futter auskommen. Sobald die Kropfentzündung abgeklungen ist, wird sich der Appetit schon einstellen, denn der Kropfschnitt, sofern die Wunde einwandfrei vernäht wurde, ist während dieser Zeit längst verheilt.

Anfangs soll nur leichtes Futter in mäßigen Rationen verabreicht werden. Zu empfehlen sind in erster Linie Haferflocken. Nach dieser Behandlung bleibt dennoch die Überdehnung der Kropfhaut bestehen, so daß der Hängekropf bei der nächsten Überfütterung wieder in Erscheinung tritt. Zur Vorbeugung sollte die tägliche Futterration für Kröpfer auf mehrere Mahlzeiten verteilt werden. Auf dem Transport zur Schau bekommen Tauben mitunter zwei Tage lang kein Futter. Um ein Überfressen ausgehungerter Kröpfer zu vermeiden, sollten sie beim Einsetzen keine gefüllten Futternäpfe vorfinden. Auch hier sollten nur kleine Portionen gegeben werden.

Erkrankungen innerer Organe führen ebenfalls zu Verlusten. So kann die Erkrankung der Leber durch Fettsucht, Infektionskrankheiten und Geschwulstbildung entstehen. Entzündungen und Geschwülste führen ferner zu Erkrankungen des Eierstocks und des Eileiters. Verhältnismäßig selten tritt die Eingeweide- und Gelenkgicht auf, die durch Stoffwechselstörungen hervorgerufen werden.

Erkrankungen innerer Organe können selten von außen festgestellt werden. Daher sind sie auch nicht zu heilen. Eine Ausnahme ist die Legenot der Täubinnen. Sie ist auch vom Laien feststellbar. Ursachen der Legenot können Entzündungen des Eileiters oder abnorme Größe des im Eileiter befindlichen Eies sein. Auch bei falscher Lage des Eies, wenn das spitze Ende zuerst erscheint, ist es der Täubin selten möglich, das Ei abzustoßen. Bei normalem Legevorgang erscheint das stumpfe

Ende zuerst. Sobald die Täubin das stumpfe Ende des Eies durch die Eileitermündung gepreßt hat, fällt das Ei ohne jegliche weitere Pressung durch die Kloake.

An Legenot leidende Täubinnen stehen in der bekannten Legestellung auf dem Nest. Auffallend ist ihr breitbeiniger, schwerfälliger Gang. Ist das Ei innerhalb eines Tages nicht gelegt, dann muß versucht werden, es künstlich zu holen. Auf keinen Fall darf dabei der Finger in die Kloake eingeführt werden, weil dadurch das Ei zerbrochen werden kann. Früher hielten wir eine an Legenot leidende Täubin über heißen Wasserdampf und setzten sie anschließend in einen mit Heu ausgepolsterten Korb. In den meisten Fällen war das Ei nach kurzer Zeit gelegt. Es kam aber auch vor, daß die Täubin dennoch ihr Ei nicht los wurde und elend verendete. Heute kann der Tierarzt das Ei operativ entfernen. Stehen die Kosten in keinem Verhältnis zum Wert der Täubin, kann der Züchter versuchen, den Legevorgang durch Massage zu unterstützen. Hierzu ist eine Hilfsperson erforderlich, die die Täubin in Rückenlage hält. Anschließend werden einige Tropfen Speiseöl in die Kloakenöffnung geträufelt. Daraufhin wird das durch die Bauchdecke zu erfühlende Ei mit Daumen und Zeigefinger umfaßt und mit sanftem Druck kloakenwärts gepreßt. Gleichzeitig wird mit Daumen und Zeigefinger der anderen Hand die Kloake zurückgepreßt. Erscheint die Eileitermündung schließlich in der Kloakenöffnung, wird das Ei sichtbar. Nunmehr werden Daumen und Zeigefinger um die erweiterte Eileitermündung gelegt und das Ei durch sanften Druck allmählich hervorgeholt. Ich möchte aber betonen, daß hierzu Riesengeduld erforderlich ist. Die Behandlung kann eine halbe Stunde und noch mehr in Anspruch nehmen, denn man muß jedesmal in dem Moment nachhelfen, in dem die Täubin mit dem Pressen beginnt. Auf diese Weise konnte ich schon mehrere Junghennen und einige Täubinnen aus ihrer Legenot befreien. Ist die Eischale allerdings abnorm dünnschalig und rauh, wird sie dem Druck von außen nicht standhalten, sondern im Eileiter zerbrechen. In diesem Fall ist das Tier kaum zu retten.

Wenn wir ein Tier von den Qualen der Legenot befreit haben, haben wir vielleicht ein gutes Werk getan. Wenn wir ein an Legenot leidendes Tier sofort töten, verrichten wir im Interesse der Zucht ein noch besseres Werk, denn meist versagen diese Tiere später in der Zucht.

In diesem Zusammenhang möchte ich das Legen von Eiern mit zwei Dottern erwähnen. Zweidotterige Eier verursachen selten Legenot. In der Regel sind sie auch befruchtet. Die Zwillinge aber schlüpfen selten, weil sie sich beim Schlupfakt gegenseitig behindern. Das Legen doppeldotteriger Eier konnten wir bei besonders starken Täubinnen einer schweren Rasse beobachten. Jedes Gelege bestand aus einem normalen Ei und dem sog. Doppelei. Beim normalen Ei ging der Schlupf reibungslos vonstatten. Aus den geschlüpften Täubchen wurden leider hochwertige Qualitätstiere, die, falls es Täubinnen waren, ebenfalls doppeldotterige Eier legten. In vielen Fällen kamen die Täubinnen überhaupt nicht mehr zum Legen. So gestand mir ein Bekannter, daß 70 % seiner Jungtäubinnen nicht zum Legen kämen, und der Rest neben normalen Eiern auch doppeldotterige lege. Und mit diesem Rest stand der Züchter lange Jahre auf allen Schauen an der Spitze! Zum Glück gab dieser Züchter für Geld und gute Worte kein Tier ab. Daher wurde er als großer Egoist angesehen. Er handelte richtig, denn dieser Zustand kann zum Ruin einer Rasse führen. Bevor es soweit kommt, sollte rechtzeitig ausgemerzt werden. Und es ist gut, daß die meisten Erkrankungen innerer Organe nicht zu heilen sind.

Täubinnen, die nicht zum Legen kommen, zeigen durchaus Geschlechtstrieb. Sie paaren sich mit einem Täuber, der das Nistmaterial heranschafft. Nach dem Nestbau wird die Täubin brütig. Sie setzt sich auf das leere Nest. Werden ihr Eier untergeschoben, dann werden diese erbrütet und die geschlüpften Täubchen normal aufgezogen. In den meisten Fällen kommen junge Täubinnen danach zum Legen, doch bleiben einige Strohbrüterinnen.

Wenn ältere Täubinnen, die bisher normal legten, zu Strohbrüterinnen werden, liegen keine krankhaften Fruchtbarkeitsstörungen vor, sondern altersbedingte Gründe. Täubinnen sind in der Regel im Alter von 7 bis 8 Jahren verbraucht. Als Strohbrüterinnen können sie aber noch gute Dienste leisten. Täuber bleiben einige Jahre länger zuchtfähig. Ich hatte einige, die bis zum Alter von 11 und 12 Jahren noch tadellos befruchteten und erst danach versagten.

Naturbedingte Feinde der Tauben

Die Natur hat Tiere geschaffen, die zur Erhaltung ihrer Art vorwiegend lebende Tiere verschiedener Gattungen zur Ernährung benötigen. Zu den Opfern dieser „Räuber" zählt auch die Taube. Ihre Feinde sind in erster Linie einige Arten von Greifvögeln sowie Wiesel, Iltis und Marder. Selbst unsere gezähmte Hauskatze ist, von wenigen Ausnahmen abgesehen, ein unerbittlicher Feind unserer Tauben.

Der Züchter, der seine Tauben im Freiflug hält, muß sich mit Verlusten, die durch Greifvögel entstehen, wohl oder übel abfinden. Er steht ihnen machtlos gegenüber. Heute sind die Greifvögel gesetzlich geschützt. Ihr Fang oder Abschuß wird strafrechtlich verfolgt. Ein Abschuß ist in den meisten Fällen nicht möglich, weil sich der Raub innerhalb weniger Sekunden vollzieht. Nur einmal in meinem Leben bekam ich ein Sperberweibchen vor die Flinte, als es sich nach einem mißglückten Angriff auf der Lichtleitung niedergelassen hatte.

Kurz nach dem ersten Weltkrieg schlug der Sperber aus meinem Bestand innerhalb von 14 Tagen 11 Brieftauben. Das Gefühl des Züchters, zusehen zu müssen, wie ein Raubvogel mit einer seiner Tauben abzieht, läßt sich kaum beschreiben. Während der Falke die Taube in der Luft schlägt, legen sich bzw. setzen sich Sperber und Habicht auf die Lauer, um im geeigneten Moment in den Schwarm, der auf dem Dach oder auf der Erde sitzt, hineinzustoßen. Ich konnte beobachten, daß sich Brieftauben in den Fängen der Raubvögel verhältnismäßig ruhig verhielten, so daß sie der Räuber ungestört zu seinem Horst bringen konnte. Meine Strasser wurden jahrelang in der Zeit von Weihnachten bis März vom Sperber belästigt. Sie gebärdeten sich jedoch in seinen Fängen derart wild, daß er sie nach etwa 25 m wieder fallen ließ. Die meisten Tiere konnte ich retten, sofern nicht innere Organe verletzt waren. Der Habicht läßt in seiner Raubgier mitunter alle Vorsicht außer acht. So berichtete mir ein junger Taubenzüchter, er habe, aus dem Hühnerstall kommend und die offene Tür noch in der Hand, erlebt, wie eine seiner Tauben an ihm vorbei sich in den Stall flüchtete und der Habicht, ohne von dem Menschen Notiz zu nehmen, die Taube bis in den Stall verfolgte. Der Habicht war in eine Falle geraten. Der Züchter sperrte ihn vorerst in einen Käfig, um ihn als Andenken präparieren zu lassen. Kurze Zeit später war der Käfig leer. Und das empörte den Züchter, denn der Räuber war nicht entwichen. Vielmehr hatte der Bruder des Züchters, ein großer Naturliebhaber, dem Räuber die Freiheit gegeben.

Als vorbeugende Maßnahme wird empfohlen, den Schlag erst kurz vor Mittag zu öffnen, wenn der Raubvogel seinen morgendlichen Streifzug beendet hat. Er geht aber gegen Abend nochmals auf Jagd. Daher müßten die Tauben wieder rechtzeitig in den Schlag zurückgelockt werden. Ich habe während der vorher angegebenen kritischen Zeit meine Tauben dauernd festgehalten. Der Sperber schlägt, von Ausnahmen abgesehen, in erster Linie kleinere Vögel. Wenn er diese nicht mehr findet, dann wird er den Tauben gefährlich. Bis Weihnachten hatte er hier unter den Spatzen aufgeräumt, und im März standen ihm die heimgekehrten Stare zur Verfügung.

Eulen gelten als nützliche Vögel. Sie sind es ohne Zweifel, denn ihre Gewölle stammen fast durchweg von Mäusen. In allerdings seltenen Fällen können sie jedoch aus der Art schlagen und gefährliche Nesträuber werden. Ich habe in meiner Schulzeit einen Fall erlebt, und ein weiterer ist mir vor einigen Jahren bekannt geworden. Im ersteren Fall hatte mein Nachbar jahrelang seine Tauben in althergebrachter Gewohnheit in Nistkästen an der Außenwand des Hauses unter dem Giebelvorsprung untergebracht. Eines Tages im Monat Mai waren halbflügge Jungtiere aus dem Nest spurlos verschwunden. Raubzeug konnte es nicht gewesen sein, weil neben der Haustür der scharfe Schäferhund seinen Platz hatte. Es blieb vorerst ein Rätsel. Die Sache wurde bald ernster, da in der Folge sämtliche Jungtiere kurz vor dem Ausfliegen verschwunden waren. Da mein Schulfreund, der Sohn des anderen Nachbarn, und ich uns mit dem Schäferhund angefreundet hatten, fiel der Verdacht auf uns. Woher sollten wir aber die Leiter nehmen? Und wir beide mußten abends zum Abendbrot pünktlich zu Hause sein; anschließend gab es keinen Ausgang mehr. So hatten wir wenigstens Rückhalt bei unseren Eltern. Nach einigen Tagen entschuldigte sich der Nachbar. Er hatte sich bei Mondschein auf die Lauer gelegt. Es waren Eulen. – Der zweite Fall: Mein Freund hat seinen Schlag auf dem Dachboden der Scheune. Jahrelang übernachtete hier ein Paar Eulen. Eines Tages hatten die Eulen ihr Nest in einer Nistzelle des Schlages eingerichtet. Die Tauben störten sich nicht daran. Die ersten Bruten der Tauben kamen unbehelligt zum Ausfliegen. Als aber die jungen Eulen geschlüpft waren, war es aus. Zuletzt verschwanden auch die noch nicht erwachsenen Jungtauben. Wohl oder übel mußten die Eulen getötet werden. – Es sind Ausnahmefälle, und deshalb sollte man Eulen nicht verfolgen. Auch die Greifvögel sind heute selten geworden. Ihr Schutz ist daher berechtigt.

Das Haarraubwild holt seine Beute in den meisten Fällen nur nachts, soweit dies Marder und Iltis betrifft. Das Wiesel ist in der Zeit, in der es Junge zu versorgen hat, ziemlich dreist. Vor einigen Jahren sprang es in meinem Garten in meiner Gegenwart einen fast ausgewachsenen Zwerghahn an. Es kam allerdings nicht weit mit ihm, aber der Hahn war gelähmt. Es ist kein Märchen, wenn behauptet wird, daß Wiesel ausgewachsene Hasen töten. Ich konnte es zweimal beobachten, daß ein Wiesel sich vom flüchtenden Hasen tragen ließ, bis es sich am Blut gesättigt hatte und der Hase tot liegen blieb. Im allgemeinen ist das Wiesel dort nützlich, wo viele Wühlmäuse und Wühlratten ihr Unwesen treiben.

Gegen Marder und Iltis kann der Schlag abends geschlossen werden. Beide gehen auch in aufgestellte Fallen, wenn letztere nicht mit nackten Händen angefaßt worden sind. Ich sah bei einem alten Züchter, daß der seinen Ausflug abends mit seinen Händen streichelte. Seither mache ich es ebenfalls. Ich nehme an, daß es hilft, denn das Raubzeug hat eine scharfe Witterung.

Katzen dagegen sind an den Menschen gewöhnt. Es entzieht sich meiner Kenntnis, ob ihr Geruchsinn nicht so scharf ausgebildet ist wie der des anderen Raubzeuges oder ob sie den Geruch des Menschen harmlos finden. Sie gehen jedenfalls in die Falle, die mit bloßen Händen aufgestellt worden ist. Wenn die Katze erst einmal eine Taube verzehrt hat, liegt sie Tag für Tag auf der Lauer. Hier hat der Züchter Gelegenheit, sie abzuschießen. Leider geschieht dies nicht lautlos. Es kann zum Streit mit lieben Nachbarn kommen. Dagegen ist das Fangen mit Fallen unauffälliger. Beste Katzenköder sind geräucherte Heringe und Baldrian. Auf beide sind Katzen ganz versessen. Katzenbesitzer sind für angerichtete Schäden haftbar. Die Katze muß aber von dem Geschädigten als Beweisstück vorgelegt werden. In den seltensten Fällen wird aber der Besitzer das vorgezeigte Beweisstück als sein Eigentum anerkennen, es sei denn, daß Zeugen vorhanden sind. Ob es sich allerdings lohnt, wegen einer Katze Prozesse zu führen, mag dahingestellt bleiben. Immerhin: Schweigen ist Gold, denn es kann ja auch vorkommen, daß unsere Tauben Nachbars Garten aufsuchen und dort die gekeimten Erbsen ausziehen. Wenn sie dabei zur Schädlingsbekämpfung ausgelegtes Gift aufnehmen, wird der Schaden erheblich größer. Falls die Tauben Preßfutter kennen, verzehren sie auch die ausgelegten Körner des „Schneckentod", die aussehen wie Preßfutter. Daher sollte der Züchter alles abwägen, bevor er zum Kadi läuft.

Die Vorbereitung der Tiere zur Schau

Ein Züchter, der mit seinen Tauben auf den Schauen in den züchterischen Wettbewerb treten will, muß sie zur Schau vorbereiten. Zur Vorbereitung gehören: das Gewöhnen an den Ausstellungskäfig, bei Strukturtauben das Ordnen der Federn, bei verschiedenen Rassen das „Putzen" und in verschiedenen Fällen das Waschen.

Das Gewöhnen an den Ausstellungskäfig ist die erste Voraussetzung des Erfolges auf einer Schau. Bei jeder Schau, ob auf führenden Großschauen oder auf kleineren Ortsschauen, habe ich als Richter Tiere vorgefunden, die nicht an den Käfig gewöhnt waren. Auf ersteren verhältnismäßig wenige, auf letzteren in Massen. Bei sämtlichen Rassen, bei denen bei der Bewertung die äußere Erscheinung des Tieres, die Körperform oder der Typ ausschlaggebend sind, ist eine Käfigdressur unbedingt erforderlich. Ausgenommen hiervon sind vielleicht die Farbentauben, weil die Feldtaubenform nur geringe Abweichungen zuläßt. Doch auch eine gut dressierte Farbentaube wird bei der Bewertung schon einige Pluspunkte bekommen.

Mit der Käfigdressur soll nicht erst kurz vor der Schau, sondern möglichst früh, am besten schon nach dem Absetzen der Jungtauben begonnen werden. Dann zeigen sich die Tiere zeitlebens dressiert. Tiere, die noch keinen Käfig kennen, kurz vor dem Versand aus dem Bestand gegriffen, in den Versandkorb gesteckt und auf dem Bahntransport durcheinandergeschüttelt werden, kommen verängstigt auf der Schau in die Käfige. Hinzu kommt noch der ungewohnte Spektakel in der Ausstellungshalle. Infolge der ungewohnten Umgebung drücken sich die verängstigten Tiere in eine Ecke. Wenn sich am nächsten Morgen der Preisrichter mit ihnen beschäftigt, flattern sie vor Angst an den Käfigwänden hoch. Eine einwandfreie Bewertung ist nicht möglich, weil die Tiere die gewünschte Form nicht zeigen. Der Züchter sollte daher die Tiere von Jugend an, so oft wie es ihm nur möglich ist, einige Stunden in die Käfige setzen und sie dahin dressieren, daß, wenn er sie mit dem Preisrichterstab berührt, sie ihre Form zeigen. Dabei soll er sich mit ihnen unterhalten und gleichzeitig einige Körner als Leckerbissen verabreichen. Schon nach kurzer Zeit wird sich der Erfolg zeigen. Für Leckerbissen sind besonders die jungen Kröpfer dankbar. Sie werden sich bald, wenn der Züchter vor den Käfigen erscheint, in Positur stellen und ihr Blaswerk zeigen. Kröpfer sollten dahin gebracht werden, daß sie auf Anruf blasen. Heute wird nur noch ein ahnungsloser Richter bei der Bewertung Kröpfer aufblasen. Um die Tauben an den Verkehr auf den Schauen zu gewöhnen, ist es zweckmäßig, die Dressurkäfige so aufzustellen, daß die Tiere auch fremde Personen zu Gesicht bekommen. Tiere, die entsprechend dressiert wurden, werden sich auf der Schau von ihrer besten Seite zeigen.

Neben der Käfigdressur ist bei einigen Strukturtaubenrassen das Zurechtmachen der Federstruktur kurz vor der Schau erforderlich. Nehmen wir zunächst die Lockentaube. Selbstverständlich kommen hier

Fachgerechtes Einsetzen einer Taube in den Transportbehälter.

Tiere mit glatten Schultern nicht zu hohen Noten. Doch auch Tiere mit vollen, langen Locken werden zurückgesetzt, wenn die Lockung auf den Flügelschildern nicht gleichmäßig ist. In den meisten Fällen ist hier ein unsachgemäßes Anfassen des Tieres beim Einsetzen die Ursache. Wenn die Lockentaube beim Herausnehmen aus dem Korb mit den Händen über den Flügeln angefaßt wird, sind die Locken plattgedrückt. Der Züchter und der erfahrene Sonderrichter umfassen eine Lockentaube nur unter den Flügeln. Der Sonderrichter hat auch immer einige Schwingenfedern zur Hand. Mit der Feder streicht er die plattgedrückten Locken gegen den Strich, so daß sie ihre ursprüngliche Form wieder zeigen.

Eine ebenfalls intensive Arbeit erfordert das Zurechtmachen der Pfautaube. Sie beginnt schon, wenn die Jungen im Nest liegen. Die Jungen drücken ihren Kopf nach hinten über die Schwanzwurzel. Die Folge ist, daß die Fächerfedern an dieser Stelle zur Seite wachsen: die bekannte Schwanzlücke entsteht. Aus diesem Grund werden die Fächerfedern zusammengenäht, damit die jungen Tiere ihren Kopf nicht mehr durch den Fächer stecken können. Gleichzeitig müssen die Federn so genäht werden, daß der Fächer geschlossen erscheint und keine Drehfedern entstehen. Das Nähen muß allerdings laufend wiederholt werden, bis die Federn ausgewachsen sind, übrigens nach der

Mauser bis zur Schau ebenfalls. Das Nähen ist eine Arbeit, die nicht jeder beherrscht. Sie nimmt sehr viel Zeit in Anspruch. Es ist keine unerlaubte Handlung. Die Fäden müssen allerdings vor der Schau gezogen werden. Bekannte Pfautaubenzüchter setzen ihre Tiere auf den Schauen persönlich in die Käfige und drücken ihnen mit den Händen die Fächer zurecht. In meiner Jugendzeit hatten wir einen erfolgreichen Züchter im Ruhrgebiet. Als Schneidermeister nahm er das Bügeleisen zum Glätten des Fächers. Vor einigen Jahren kaufte sich ein bekannter Züchter auf einer größeren Schau zwei mit „vorzüglich" bewertete Tiere zu Katalogpreisen. Beim nächsten Zusammentreffen einige Wochen später erkundigte ich mich nach den Tauben. Seine Antwort: „Es waren keine vorzüglichen Tiere; sie waren nur vorzüglich zurechtgemacht." Zur höchsten Note ist allerdings nicht nur ein vorzüglicher Fächer, sondern auch ein vorzüglicher Körper und eine vorzügliche Federbreite erforderlich. Bei dieser Rasse ist nicht nur das Züchten, sondern in der Tat auch das Zurechtmachen eine Kunst. Wenn aber die Fächerfedern mit Tischlerleim geklebt werden, wie vor einigen Jahren auf der Westdeutschen Junggeflügelschau geschehen, wird die Kunst als unerlaubte Handlung zu Recht gestraft.

Bei der Dressur der Perückentaube sind ebenfalls einige Kniffe erforderlich, damit sie ihre volle Schönheit im Käfig zeigt. An ihrer Federstruktur ist wenig zu ändern, höchstens daß sie auf dem Scheitel etwas geputzt wird, damit der Hut besser deckt. Es ist schon versucht worden, eine lose Mähne durch Haarspray stabiler zu gestalten. Der Geruch hat jedoch die unerlaubte Handlung verraten. Das Zurechtmachen bezieht sich auf die Käfigdressur. Ich weiß nicht, ob diese Methode den heutigen Züchtern bekannt ist. In meiner Jugendzeit wurde sie von den damaligen „Kanonen" viel und auch mit Erfolg angewandt. Die Perückentaube ist wegen ihrer Struktur in der Sicht behindert. Daher ist sie im Käfig auf der Schau immer etwas scheu und ist oft im Käfig nicht in Paradestellung zu bringen. Sie reagiert wohl auf den Zuruf ihres Besitzers, nicht aber auf den des Richters. Daher werden die Tiere, nachdem sie sich an den Dressurkäfig gewöhnt haben, etwa 14 Tage vor der Schau einzeln isoliert gesetzt. Die Zwischenseiten der Käfige werden verkleidet, so daß sich die Tiere gegenseitig nicht sehen können. Erst in den Käfigen auf der Schau sehen sie sich wieder. Es stellt sich bei ihnen eine gewisse Erregung ein. Sie stehen in Paradestellung und zeigen ihre ganze Schönheit. Wiedersehen macht eben Freude.

Das „Putzen" ist bei einer großen Anzahl von Rassen erlaubt und sogar erforderlich. In erster Linie sind es mit dem Scheckenfaktor gezeichnete Rassen. Bei diesen Rassen wird selten ein Tier geboren, wie es das Musterbild der jeweiligen Rasse zeigt. Oft gibt es kleine Abweichungen in den Begrenzungslinien der Zeichnung oder einzelne fehlfarbige Federn in den verschiedenen Gefiederteilen. Diese einzelnen Federn und Abweichungen dürfen entfernt werden, aber nur in dem Maße, daß im Gefieder nicht sichtbare Lücken entstehen und schon gar nicht das Fleisch sichtbar wird. Außerdem dürfen keine fehlfarbigen Schwingen- und Schwanzfedern entfernt werden. Die zu entfernenden Federn sind direkt über der Haut zu schneiden. Die Federn an den Begrenzungslinien der Zeichnung am Ende zu beschneiden ist wohl einfacher, aber nicht statthaft. Das „Putzen" sollte nicht erst kurz vor dem Versand zur Schau, sondern bereits einige Tage vorher vorgenommen werden. Beim „Putzen" können sich einige Federn verschoben haben, die erst am nächsten Tag wieder zum Vorschein kommen. Beim „Putzen" ist das Tier von Zeit zu Zeit in den Käfig zu setzen. Hier zeigen sich die noch zu behandelnden Stellen besser, als wenn das Tier in der Hand gehalten wird. Auch das „Putzen" will gelernt sein. Große Meister in dieser Kunst sind die Züchter der Huhnscheckentaube.

Im Häusermeer einer Großstadt gehaltene Tauben mit weißem oder teilweise weißem Gefieder zeigen einige Wochen nach der Mauser ein verschmutztes Gefieder. Das Weiß erscheint grau oder undefinierbar dunkel, die blaue Farbe schmutziggrau, die Lackfarben stumpf und ohne Glanz. Der Ruß aus dem Rauch der Schornsteine, in der Luft unsichtbar, lagert sich auf dem Gefieder ab. Das Badewasser löst den Schmutz nicht. Die Tiere müssen gewaschen werden. Das Waschen ist eine zeitraubende Arbeit. Da die Tiere nicht freiwillig ins Bad gehen, müssen sie von einer weiteren Person gehalten werden. Zunächst müssen die Tiere in handwarmem Wasser gebadet werden, bis das Gefieder vollständig durchnäßt ist. Anschließend wird das Gefieder mit dem Schaum einer möglichst milden Seife abgerieben. Auf keinen Fall darf es mit einem Seifenstück eingeseift werden. Die Seifenreste lassen sich sehr schlecht aus dem Gefieder entfernen. Sie verkleistern die einzelnen Federn und das Gefieder behält ein verkleistertes Aussehen, auch wenn es trocken geworden ist. Um die Schmutzschicht zu lösen, wird mit einer weichen Bürste oder mit einem Gummischwamm etwas nachgeholfen. Doch darf nur in der Längsrichtung der Federn gestrichen werden. Wird entgegengesetzt gestrichen, so werden die Federfahnen beschädigt. Die Taube behält bis zur nächsten Mauser ein struppiges Gefieder. Nachdem sich die Schmutzschicht gelöst hat, wird die Taube in klarem Wasser, das ebenfalls körperwarm sein muß, gebadet, um den Schaum auszuspülen. Das Bad muß mehrere Male wiederholt werden, bis das Badewasser klar bleibt. Nur wenn der Seifenschaum vollständig aus dem Gefieder entfernt ist, zeigt das trockene Gefieder die ursprüngliche Farbe. Nach beendigter Reinigung, also wenn das Badewasser klar bleibt, wird das Wasser mit den Händen in Längsrichtung der Federn aus dem Gefieder gestrichen. Hinterher wird mit einem weichen Handtuch noch etwas nachgetrocknet. Anschließend kommen die Tauben in einen mit sauberem Stroh ausgepolsterten Korb, der so geräumig sein muß, daß die Tiere mit ihren Flügeln flattern können. Dadurch wird der Trocknungsprozeß wesentlich beschleunigt. Der Korb wird in einen geheizten Raum in die Nähe des Heizkörpers gestellt. Nach etwa 10 bis 12 Stunden wird das Gefieder trocken sein. Bevor die Tauben in den Schlag gesetzt werden, soll der Züchter das Gefieder nochmals überprüfen, ob es auch absolut trocken ist. Fühlt es sich noch feucht an, dürfen die Tiere nur in den Schlag, wenn die Luft trocken ist. Dann wird die Feuchtigkeit bald aus dem Gefieder verschwunden sein. Dagegen können an feuchten, naßkalten Tagen sehr leicht Erkältungen eintreten, weil das feuchte Gefieder keine isolierende Wirkung hat, so daß der Körper unterkühlt wird.

In den ersten Tagen nach dem Waschen wird der Züchter feststellen, daß die blaue Farbe ihren Schmelz verloren hat und die Lackfarben etwas stumpf geworden sind. Bei der blauen Farbe ist der Federstaub durch das Waschen verschwunden, bei den Lackfarben der Zusammenhalt der einzelnen Federfahnen etwas aufgelockert. Nach etwa 14 Tagen wird aber alles wieder in Ordnung sein, sofern der Seifenschaum restlos ausgespült wurde. Das Waschen der Tiere sollte daher rechtzeitig vor der Schau durchgeführt werden. Erwähnen möchte ich noch, daß sich zum Waschen nur Seifen und Waschmittel eignen, die möglichst wenig Reizwirkung auf die Augen ausüben.

Tauben, bei denen ein Waschen nicht erforderlich ist, sollten vor dem Versand zur Schau noch überprüft werden, ob bei ihnen sonst alles in Ordnung ist. In vielen Fällen sind bei ihnen die Füße und die Fußringe verschmutzt. Verschmutzte Fußringe, bei denen durch verhärteten Kot die Ringnummern verdeckt sind, bereiten nicht nur dem Einsetzpersonal, das die Ringnummern überprüfen muß, Ärger, sondern auch dem Preisrichter, der die Ringnummern der Ehrenpreistiere eintragen muß. Das Entfernen des harten Kotes nimmt sehr viel Zeit in Anspruch. Saubere Füße und Fußringe lassen auf einen Züchter schließen, der selbst auf Sauberkeit bedacht ist. Es wird häufig empfohlen, vor dem Versand Schnäbel, Füße und Fußringe mit farblosem Öl einzufetten. Es hebt den Gesamteindruck eines Tieres ohne Zweifel. Aber: In vielen Fällen wird das Bauchgefieder beschmutzt, wenn die Taube ein Bein einzieht. Noch schlimmer ist es mit dem Schnabel, wenn dieser mit zuviel Fett behaftet ist. Wenn die Taube aus dem Korb in den Käfig kommt, wird sie, sobald sie sich beruhigt hat, in verstärktem Maße ihr Gefieder in Ordnung bringen. Dabei beschmutzt sie das ganze Gefieder, und es entstehen überall dunkle Flecken. Was soll nun ein Preisrichter mit diesen Tieren anfangen, wenn sie sonst in allen Teilen erstklassig sind? Er ist berechtigt, sie zurückzusetzen. Darum, wenn schon eingefettet wird, dann aber nur hauchdünn und mit einem Lappen nachreiben!

Bei verschiedenen Rassen ist zu überprüfen, ob Schwingen-, Schwanz- und Keilfedern vollzählig vorhanden sind. Fehlende Schwingen- und Schwanzfedern, ebenfalls fehlende Keilfedern stellt der Richter sofort fest. Er muß annehmen, daß sie gezogen wurden, weil sie fehlfarbig waren, und darf das Tier daher nicht bewerten. Bei schweren Rassen, die schwerfällig fliegen, kann eine Schwingenfeder abgeschlagen worden sein. Nicht in jedem Falle liegt also eine unerlaubte Handlung des Ausstellers vor. Wenn aber bei einem Weißschwanz nur elf Schwanzfedern vorhanden sind, ist die Sache schon verdächtiger. Um allen Ärger zu vermeiden, sollten Tiere mit diesen Mängeln nicht zur Schau gestellt werden.

Für jede Taube, gleich welcher Rasse, ist das Ausstellen eine Strapaze, besonders bei Bahntransport. Bei weiten Entfernungen liegen die Tiere mitunter fast zwei Tage auf der Bahn. Der Rücktransport nimmt vielfach noch mehr Zeit in Anspruch, wenn die Tiere nicht unmittelbar nach Schluß der Schau zum Versand kommen. Zarte, kurzschnäblige Rassen leiden noch weit mehr als robustere, weil sie im Ausstellungskäfig nicht das geeignete Futter vorfinden. Manches wertvolle Tier hat sich von den Strapazen nicht wieder erholt. Wenn es irgend möglich ist, sollte der Züchter seine Tauben selbst zur Schau bringen.

Es ist selbstverständlich, daß der Züchter seine Tiere vor dem Versand ausreichend füttern und tränken soll. Zur Kräftigung kann ihnen noch eine Lebertrankapsel eingegeben werden. Leider wird bei vielen Ausstellungen aus Zeit- und Personalmangel das Füttern vor dem Rückversand der Tiere unterlassen. Der Züchter sollte daher seine Tiere, die von einer Schau zurückkommen, besonders gut pflegen, sie drei Wochen allein setzen und beobachten. Nicht selten haben sie sich auf der Schau infiziert und schleppen eine Krankheit in den Bestand. Der Züchter soll auch nicht den Fehler begehen, seine Tiere alle paar Wochen zur Schau zu stellen. Diese Preisjägerei bedeutet den Ruin seiner Zucht. Es genügt vollauf, wenn ein Tier einmal in der Zeit vor Weihnachten und einmal am Anfang des Jahres ausgestellt wird. Wertvolle Zuchttäubinnen sollten möglichst überhaupt nicht ausgestellt werden. Wenn ich im Monat Januar als Preisrichter auf Schauen tätig bin, finde ich bei fast allen Rassen Tiere, die völlig abgekämpft und ausstellungsmüde sind. Von diesen Tieren kann doch eine gesunde Nachzucht nicht erwartet werden, weil sie für jede Krankheit anfällig sind! Daher soll der Züchter seine Tiere schonen und nicht zum Tierquäler werden.

Grundregeln einer erfolgreichen Zucht

Zum Schluß meiner Abhandlung möchte ich die Voraussetzungen zu einer erfolgreichen Zucht in kurzen Sätzen zusammenfassen, die der Züchter beachten sollte:
1. Helle, luftige, saubere und zweckmäßige Unterkunft;
2. gesundes, sauberes und vielseitiges Futter;
3. sauberes, frisches Trinkwasser;
4. keine Übervölkerung der Unterkunft und Volieren;
5. Gesundheitskontrolle durch Kotuntersuchungen;
6. erkrankte Tiere aus dem Bestand isolieren; nicht ohne Krankheitsfeststellung mit Medikamenten behandeln;
7. zugeflogene Tauben sofort isolieren;
8. nur mit rassisch guten und gesunden Tauben zu züchten beginnen;
9. sich mit der Musterbeschreibung der Rasse sowie den grundlegenden Vererbungsregeln befassen;
10. Zuchtbuchführung – Abstammungskontrolle – betreiben.

Sachregister

Abendfütterung 93, 95
Abmagerung 109, 110, 111, 117
Abstammung der Tauben 9 ff.
Alleinfutter 73, 74 f., 77 f.
Alter der Taubenzucht 7, 13 ff., 16 ff.
Ammenaufzucht 62 f., 70 ff.
Ammentauben 71 f.
Antibiotika 81, 114
Anzeigepflicht 111
Aufbaufutter 84
Aufzucht 61 ff., 77
Aufzucht, künstliche 63, 67 f., 70
Augenentzündung 111
Augenfarbe 110
Ausflug 27 f., 29, 42 ff.
Ausflugkasten 45
Ausgleichspaarung 107
Auslese 10
Ausstellungen 110, 129 ff.

Baumaterial 21 ff., 41 f.
Behandlung kranker Tauben 109
Beinlähme 111 f.
Beinschwäche 86
„Blutlinien" s. Vererbung
Bohnen 73, 77, 83
Brustbeinverkrümmung 28
Brut 11 ff., 24, 59, 60, 62 f., 65, 94, 99 f.
Brutdauer 12, 62 f., 71
Brutinstinkt 11 ff., 18, 62, 63

Dachboden 41 f.
Dachkammer 31 f., 38, 41, 42
Dachrinnen 44, 115
Dachschläge s. Schlaganlagen
Dächer 22, 27
Darmentzündung 123
Darwin, Charles 9, 10 f.
Dauerflug 87
Desinfektion 33, 40, 54, 112, 114 f., 116, 117 f.
Diphtherie 82 f., 113 f.
Drahtgeflecht 28
Dressur s. Käfigdressur
Dunkelstrahler 69
Durchfall 56, 82, 113, 117, 123
Durst 57, 60, 64, 67, 69, 111, 113, 123

Eiablage 11 f., 62 f., 99 f., 124 f.
Eicheln 78
Eierschalen 84
Eierwechsel 62, 71
Einflug 27 f., 29, 42 ff.
Eingeweideschmarotzer 117 f.
Eingewöhnung 47 ff., 52, 67, 89
Eingewöhnungskäfig 45 f., 49, 50
Einstreu 40, 110, 113
Eiweiß 73, 74, 76, 77, 78, 84, 90, 91
Entzündungen 110, 111, 123, 124
Erbsen 73, 74, 76, 91
Erhaltungsfutter 84
Erkältungskrankheiten 111

Feder, straffe 74, 85
Feder, weiche 74, 85
Federlinge 115 f.
Federwäsche 133 f.
Federwechsel s. Mauser
Felsentaube 9
Fett 74, 75, 76, 91
Flügellähme 111 f.
Freiflug 15, 29, 50 f., 60, 78, 79, 119, 120
Freßlust 59, 110
Fruchtbarkeit 59, 76
Fütterung 31, 40, 48, 59 ff., 94 ff., 112, 113, 119
Fütterung der Alttiere 59 ff.
Fütterung der Flugtauben 88 ff.
Fütterung der Jungtiere 61 ff.
Fütterung der Kröpfer 86, 90
Fütterung, künstliche 67 f.
Fütterung der Reisebrieftauben 86 f.
Fütterungsschema für Flugtauben 92 f.
Fundamente 21, 22 f.
Fußböden 22 f., 25, 40
Futter 30, 59, 60, 64 f., 72 ff.
Futter für Kröpferrassen 86
Futter für leichte Rassen 85
Futter für schwere Rassen 84 f., 91
Futterkalk 69
Futterqualität 72 ff., 76, 77, 78
Futterration 59 f., 63, 64, 66 f., 68, 76, 80, 81, 91, 96
Futter, tierisches 81
Futtertrog 40
Futterzusätze 68 f., 72

Gelber Knopf 112 f.
Gelege 12, 62
Gerste 73, 74, 90 f., 91, 96
Geschichte der Taubenzucht 7 f.
Geschwülste 112, 124
Geschwüre 114
Getreideschrote 85
Gicht 74
Greifvögel s. Raubvögel
Grit 68 f., 81 f., 83, 119, 123
Größe der Tauben 9 f., 24, 62, 106
Grünfutter 69, 78 f., 114
Grünkohl 80
Grundfläche 20 f., 31, 32

Hängekropf 86, 123 f.
Hafer 73, 75, 83, 96
Haferflocken 124
Handfütterung 67 ff., 70
Hanf 78, 91
Heizung 69, 97
Hochflug 87, 88 ff.
Holzkohle 81
Hülsenfrüchte 68, 73, 76 ff., 84
Hunde 19, 23
Hygiene 23 f., 24 ff., 28 f., 29, 33, 40, 41, 42, 52 f., 57, 60, 61, 108 f., 112, 113

Infektion 109
Infektionskrankheiten 81, 109 ff., 124
Inneneinrichtung 24
Invasionskrankheiten 110, 115 ff.
Inzucht 105 ff.
Isolierung 22, 23

Jungtiere 61 ff., 65 ff., 77
Jungtierschlag 66

Käfigdressur 51, 129 f.
Kälte 23 f., 25 ff., 58 f., 96
Kalk 82, 83 f.
Kartoffeln 80
Katarrhe 110
Katzen 27 f., 58, 129
Kleinsämereien 91
Knochenbrüche 122
Knochenschrot 84
Knochenweiche 57, 74, 120
Kochsalz 69, 79, 82, 119

Körnerfutter 67 f., 73, 74, 75, 76, 80 f.
Körnermischfutter 84 ff.
Kohlehydrate s. Stärke
Kokzidiose 113
Kombination 10
Konditionsfutter 92
Kot 65, 74, 80, 81, 108, 110, 112, 116, 117, 123
Kotboden 33
Krankheiten 42, 52 f., 55 f., 59, 65, 67, 68, 75, 76 f., 78, 84, 97, 108 ff.
Kropfmilch 62, 63, 64, 67
Kropfschnitt 79 f., 124
Kropfzustand 64 f., 79 f.

Läuse 63
Laufbretter 29
Lebensweise der Tauben 11 ff.
Lebertran 86, 120 f., 135
Legenot 124 ff.
Leinsamen 78, 91
Leistungsbedarf an Futter 91
Licht 23, 41
Linsen 77
Lüftung 23, 24 f., 41, 114

Mais 73, 74 f., 96
Mauser 66, 67, 75, 94, 95
Medikamente 109
Mietvertrag 15
Mineralstoffe 72, 74, 75, 76, 78, 81 ff.
Mischfutter 73, 74, 75, 76, 80 f., 84 ff.
Mißbildungen 28, 72
Morgenfütterung 93, 95

Nestbau 12 f., 99
Nesthocker 12
Nestjunge 61
Nestkontrolle 63, 64
Nestwärme 12, 56 f., 69
Nistregale 12 f., 31, 32, 35 ff., 57, 66
Nistregale (Vorderfront) 37 f.
Nistregale (Zwischenwände) 36 f.
Nistschalen 64, 65, 69, 116

Ölfrüchte 78
Offenfrontschläge 25 ff.
Organerkrankungen 110
Ornithose 28, 110 f.

Paarung 37, 77, 96 ff.
Parasiten, blutsaugende 115, 116 f.
Paratyphus 111 f.
Putzen 132 f.

Quarantäne 55, 135

Rachitis 120
Rangordnung 30, 32
Raps 91
Rassen, kurzschnäblige 78, 85
Rassen, leichte 16 f., 51, 58, 68, 74, 97
Rassen, schwere 16, 51, 58, 59, 74, 75, 85, 97, 106, 126
Rassenwahl 16 ff., 47 ff., 72
Raubvögel 127 f.
Raubzeug 18 f., 23, 27, 28, 42, 44, 126, 128 f.
Regen 51
Reinigung des Schlages 57
Reiter s. Sattelkonsolen
Roggen 76
Rohfasergehalt 74, 91 f.
Rübsen 78, 91
Ruhestörung 15

Saatgut 74
Salpeter 82 f.
Salzhunger 82 f.
Sand, scharfer 82
Sattelkonsolen 34, 35
Schaufertigmachen 129 ff.
Schlaganlagen 16 ff., 20 ff., 24 ff., 27, 31 f.
Schlagbesetzung 47 ff.
Schlageinrichtung 30 ff.
Schlagfenster 41
Schlaggröße 24, 31, 32
Schlaghöhe 32
Schlagreinigung 57
Schlagtüren 41
Schlupf 59, 62, 63, 100 ff.
Schnupfen 110
Schutzkasten 38 f.
Schwingen, gebrochene 75 f.
Sitzplätze 31, 32
Sitzregale 33
Sitzstangen 32 f.
Sitzteller 34
Sondervereine 105

Sonnenbad 28
Spalterbigkeit 105 f.
Speckkäfer 116
Stärke 73, 75, 91 f.
Standfutter 60
Standortwahl 20 f., 42

Taubenbad 57 f.
Taubenfloh 116
Taubenhäuser 17, 19 ff., 24 ff., 30
Taubennarr 13 ff.
Taubenpflege 52 ff.
Taubenstein s. Grit
Taubensteuer 7 f.
Taubenwanze 116
Taubenzecke 28, 54 ff., 115
Tränken 61, 67, 119
Tränken, künstliche 64, 67, 68
Traubenzucker 92
Trinkwasser 58, 61, 64 f., 113

Überbesetzung 38
Überfütterung 59, 66, 68, 75, 79, 123 f.
Übergewicht 66
Umlegen von Bruteiern s. Eierwechsel
Unfruchtbarkeit 112, 126
Ungeziefer 40, 41, 52 ff., 115 ff.
Ungezieferbekämpfung 53 ff., 58
Unkraut 30
Unterbringung 16 ff.
Unterschlupf für Jungtauben 37, 38 f.
Untersuchung kranker Tauben 109
Urin 65

Variabilität 9, 10 f.
Verdauungsstörungen 85
Vererbung 9 ff., 104 ff., 126
Vererbungsgesetze 107
Verfettung 59, 66, 76, 85, 96
Vergiftung 41, 74, 76 f., 78, 82, 118 f.
Verletzungen 121 f.
Versorgung der Tauben 14 f.
Verträglichkeit der Tauben 47 f.
Verwandtschaftszucht s. Inzucht
Vitamine 78, 114, 120
Vitaminmangelkrankheiten 119 ff.
Vogelmilbe 28, 52 f., 53 f., 115

Volieren 21, 27, 28 ff.
Volierenboden 29 f.
Volierenhaltung 72, 75, 79, 81 f., 117, 120
Voraussetzungen für Anfänger 13 ff., 19 f., 30 f., 35, 52 ff.
Vorbeugung 108 ff., 114

Wachstum der Tauben 12, 90
Wände 21, 22, 23, 41 f.
Wärme 12, 69
Weichfutter 80 f., 81
Weizen 73 f., 91
Wicke 77, 78, 91
Winterfütterung 74, 76, 78, 84, 94 ff.

Zeichnungsmängel 106 f.
Zellenfütterung 65 f.
Zucht 12, 96 ff.
Zuchtalter der Tauben 126
Zuchtbeginn 96 f.
Zuchtbetrieb 98
Zuchtbuchführung 107
Zuchtfütterung 84
Zuchttrick 98 f.
Zuchtverfassung 60, 63
Zuchtwahl 10
Zugluft 41, 42
Zusammensetzung der Zuchtpaare 104 ff.
Zwangsverpaarung 37